Was Tiere uns sagen ...

... hören wir nur mit dem Herzen!

Ein Herzensbuch von

Heike-Maria Michalke

2. überarbeitete und korrigierte Auflage Juni 2009

Pamé, unser spanischer Engel

In liebevoller Erinnerung ...

für Tessa, meinen ganz persönlichen Engel
1989 – 2006

Mit ihrem Tod wurde Asanga geboren.

Für meine ganz besondere Nelly,

die selbst im Tod noch alle Ketten der Vernunft zu sprengen vermag!
Schön, dass du wieder zu Hause bist...
2004 – 2008

Persönliche Widmung

Dieses Buch widme ich allen Menschen, die in ihren Tieren ebenbürtige Partner sehen, diese respektieren und als einen Teil ihrer Familie schätzen.

Vor allem jedoch jedem einzelnen Tier, mit dem ich schon kommuniziert habe :o) – Danke für Euere Geduld!

Natürlich auch meinen eigenen Tiere, die für mich Lebensbegleiter und Freunde auf meiner Erdenreise waren/sind und denen ich eine Vielzahl an wundervollen Erlebnissen, Erkenntnissen und Erleuchtungen zu verdanken habe! :o)

In liebevoller Erinnerung an zwei ganz besondere Lebensgefährten, meine Hunde-Freundinnen
Tessa 1989 – 2006 (mein persönlicher Engel)
und
Nelly 2004 – 2008

Und allen anderen mir/uns wichtigen und bereits vorausgegangenen Familienmitgliedern:
Unseren Hunden: Micky, Sindy, Phoebe, Trixi und Berry …
Unseren Katzenn: Herr Ebner, Ginger, Billie, Oskar, Sasha, Pasha und Sarmoti …
Unseren Nagern: Hilary, Rufus, Alfred und Friedolin …

Wir/ich trage/n euch immer in unserem/meinem Herzen!!

Sookie und Nelly im Sommer 2006

Pamé – Sommer 2007

Inhaltsverzeichnis

Vorwort der Autorin

Liebe Tierfreunde, Leser und Interessierte,

zuerst sage ich vielen herzlichen Dank!
Sie haben mein Buch gekauft und halten es nun in Händen, was mir eine ganz besondere Ehre und Freude ist.
Dieses Buch ist eine ganz besonders wichtige Herzensangelegenheit von mir.
Mit der Umsetzung habe ich mir sehr viel Zeit genommen, um stets die Worte zu finden, um das Herz eines jeden Lesers zu erreichen.
Unsere Tiere sind Freunde, Partner und Familienmitglieder zugleich, die ohne Gegenliebe bedingungslos und mit reinem Herzen lieben.
Tiere sind und waren in meinem Leben immer etwas ganz Besonderes: Ich habe so viel Wundervolles mit Tieren erlebt, denn in jedem Tier steckt auch irgendwo ein Engel ...

Ich möchte Ihnen vermitteln, dass Tiere nicht einfach „nur" Tiere sind und dass jeder Mensch, der sich ein wenig öffnen kann, in der Lage ist, mit Tieren zu kommunizieren, denn ...
was Tiere uns sagen, hören wir nur mit dem Herzen.

Haben Sie viel Freude beim Lesen und Üben, vor allem jedoch Geduld mit sich selbst – alles zu seiner Zeit :o)

Herzlichst Ihre

Heike-Maria Michalke

Kapitel 1
Tierkommunikation

Dass wir Menschen untereinander kommunizieren, ist für uns eine Selbstverständlichkeit.
Können Sie sich nun vorstellen, dass es für uns Menschen ebenso zur Normalität gehören könnte, dass wir mit unseren Tieren ins Gespräch gehen? Falls diese Aussage für Sie verlockend klingt, sollten Sie unbedingt weiterlesen, denn Sie werden viel Wertvolles über die Kommunikation mit Tieren erfahren sowie praktische Anleitungen bekommen, wie es möglich ist, mit Tieren in die wortlose Kommunikation zu gehen.

Sie würden wohl kaum dieses Buch in Händen halten, wenn Ihnen Ihr Tier oder Tiere allgemein egal wären.
Viel zu groß ist die Verlockung über das Innenleben unserer Tiere etwas zu erfahren, oder?!
Stellen Sie sich vor, Ihr Tier würde Ihnen so manches über Sie oder andere Familienmitglieder schildern ... den Familienalltag, Gewohnheiten und vieles mehr aus Sicht der eigenen Tiere?
Ich empfand diese Tatsache von jeher als eine sehr interessante Möglichkeit, auch über mich mehr zu erfahren.
Da ich ein Mensch bin, der sehr gerne und viel vor allem über sich selbst lacht, habe ich in so manchem Tier (eigenen und fremden) einen wundervollen Kommunikationspartner gefunden.

Vor allem jedoch ist es interessant, da wir eine andere Wahrnehmung von uns selbst haben! :o)

Dabei darf natürlich nicht vergessen werden, dass Gespräche mit Tieren ja auch einen tieferen Sinn haben können.

So ist es z.B. möglich, generell einen Einblick in das Seelenleben unserer Tiere zu bekommen, zu erfahren, was sie brauchen oder was sie sich wünschen.

Dabei spielt es übrigens keine Rolle, welcher Gattung, Größe oder Rasse ihr Tier angehört!

Hund oder Katze?
Selbstverständlich können auch Großtiere wie z.B. Pferde, Kühe, Schweine und dergleichen befragt werden, ebenso aber auch Kleintiere wie Vögel, Hamster, Mäuse und Ratten.

Interessante Gespräche führte ich auch mit Tieren aus anderen Bereichen, wie z.B. mit Spinnen, Leguanen, Krebsen und auch Fischen jeglicher Herkunft.

In den vielen Jahren meiner Arbeit durfte ich mit Tieren aller Art, Herkunft und Rasse sprechen.

Alle Gespräche waren einzigartig, faszinierend und individuell – wie jedes Geschöpf hier auf Erden.

Kapitel 2
Wozu mit Tieren reden?

Wir Menschen brauchen, um innerhalb unserer Rasse zu kommunizieren, keinen besonderen Grund.

Um mit einem Tier zu kommunizieren, benötigen Sie ebenfalls keinen bestimmten Grund und dennoch machen es manchmal bestimmte Umstände erforderlich, mehr Informationen von einem Tier zu erhalten.

Durch das Gespräch bekommen wir einen wundervollen Einblick in das Seelenleben unserer Tiere. Wir gewinnen Erkenntnisse und können uns so auch verständlich machen.

Durch eine Kommunikation erfahren wir z. B. Näheres über:

- die Ursache von bestimmten Verhaltensstörungen (Beißen, Urinieren an unüblichen Plätzen usw.)
- die Ängste unserer Tiere
- Hintergründe traumatischer Erlebnisse (besonders bei Tierheimhunden)
- anstehende Lebensveränderungen (z.B. Familienzuwachs, Scheidung und Tod)
- Vermittlungswünsche von Tieren aus Heimen

- Therapiemöglichkeiten aus Sicht des Tieres

- Nachwuchswünsche (es gibt auch Tiere, die nicht oder schon Mutter werden möchten!)

- Sterbehilfe/Sterbebegleitung

- allgemeines körperliches und seelisches Befinden, aber auch allgemeine

- Wünsche und Vorlieben unserer tierischen Familienmitglieder

Natürlich können Sie Ihrem Tier auch eine Botschaft zukommen lassen und sich selbst mitteilen.

Es ist sehr wichtig, dass auch unsere Tiere an unserem Leben und den damit verbundenen Veränderungen teilhaben dürfen.

So können wir unseren Tieren z. B. verständlich machen,

- warum ein Umzug in eine andere Umgebung notwendig ist.

- dass Besuche bei einem Tierarzt oder Tierheilpraktiker erforderlich sind.

- wie sehr wir sie lieben.

- dass sie keine Verlustängste haben müssen.

- dass wir von einer Reise/Urlaub auch wieder zurückkehren.

... und alles andere was Ihnen auf dem Herzen liegt und Sie Ihrem Tier gerne mitteilen möchten!

Letztendlich gewährt uns jedes tierische Gespräch auch einen Einblick in unser eigenes Seelenleben, da unsere Tiere uns direkt in die Tiefen unserer Seele blicken ...

Da alle Gespräche auf einer energetischen Ebene stattfinden, ist es selbstverständlich auch möglich, mit bereits verstorbenen Tieren zu kommunizieren.
Genau wie die menschliche Seele ist die Seele eines Tieres unvergänglich und bleibt als Energieform erhalten.

Sowohl für den Menschen als auch für das Tier sind gerade diese liebevollen Gespräche nicht nur hilfreich, sondern auch besonders heilsam.

Tiere finden nicht ohne Grund den Weg zu uns. Nicht selten, haben unserer Tiere – wenn sie in unsere Familie kommen – einen besonderen Sinn und Zweck zu erfüllen.

Meist helfen Sie uns sogar dabei, dass wir einen Teil unserer Lebensaufgaben gut oder optimal erfüllen können.

Kapitel 3
Was Tiere uns sagen …

… hören wir nur mit dem Herzen!

Diesen Satz habe ich vor vielen Jahren einem Kursteilnehmer als Antwort auf seine Frage, wie es denn möglich sei, die Botschaften der Tiere zu empfangen, gegeben.

Dieser Satz wurde zu einem Leitsatz für mich und meine Arbeit mit den Tieren.
Die meisten Menschen, die sich für meine Arbeit interessieren, stellen immer und immer wieder dieselben Fragen.
Und auch meine Antwort hierauf fallen immer gleich aus: „Wir hören nur mit dem Herzen gut!"

Unsere Augen sehen das, was sie sehen wollen.

Unsere Ohren hören nur das, was sie hören wollen.

Unser Verstand versteht nur das, was wir verstehen wollen.

Unser Herz jedoch kennt, „hört" und „sieht" die Wahrheit hinter allem.

Schieben wir unseren Verstand ein wenig beiseite und öffnen zugleich unser Herz, eröffnen sich uns ganz neue Möglichkeiten und Perspektiven.

Möglichkeiten und Perspektiven, die sich jedem Verstand entziehen und vor allen Augen verborgen und verschlossen bleiben.

Denn unsere Tiere kommunizieren von Herz zu Herz.

Umso wichtiger ist es, dass Sie jedes Tier und das damit verbundene Gespräch ernst nehmen.
Zeit sollte hierbei KEINE Rolle spielen.
Ich nehme mir stets immer die Zeit, die ein Tier benötigt.

Nur in der Ruhe und Stille sind wir bzw. unser Herz in der Lage, die Botschaften, Worte und Weisheiten unserer lieben Tiere zu empfangen ...

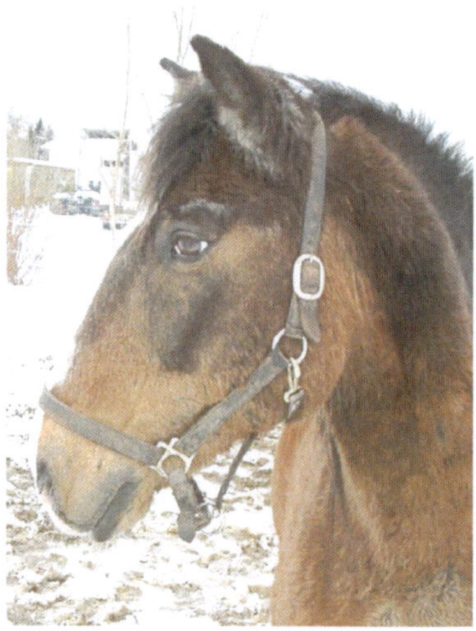

Marc O'Polo – mein alter Freund

Kapitel 4
Wichtiges rund um die Tierkommunikation

Gleich zu Beginn möchte ich ausdrücklich erwähnen, dass es sich relativ schwierig gestaltet, mit den eigenen Tieren zu kommunizieren.

Dennoch ist es möglich – vorausgesetzt, Sie halten sich an die Regeln.

Da wir in der Regel mit unseren Tieren in einer engen Verbindung und Gemeinschaft leben, sind wir – was die Gefühle und Aussagen unserer Tiere betreffen – nicht „neutral" genug, um bestimmte Botschaften zu empfangen.

Generell hinterfrage ich nur in bestimmten Ausnahmefällen die Aussagen von Auftragstieren, da ich meist nur sehr wenig bis keine Vorab-Informationen erhalte und die Gewohnheiten sowie auch den Charakter der Tiere nicht kenne. Die Aussagen der Tiere nehme ich als gegeben hin und verlasse ich mich hier ausschließlich auf meine Fähigkeiten.
Während des Gespräches differiere ich blitzschnell: „Was muss ich hinterfragen und was ist stimmig"?

Bei den eigenen Tieren verhält es sich (meist) doch ganz anders.
Manchmal erwarten wir vielleicht auch zu viel oder sind mit getroffenen Aussagen nicht zufrieden, da wir andere Vorstellungen haben.
Wenn wir jedoch ganz ehrlich zu uns sind, haben wir dann eher doch bestimmte Vorstellungen und Wünsche, was die Botschaften unserer Tiere betrifft.

Beachten Sie daher folgende goldene Regel:

Handelt es sich allerdings um wichtige Fragen, Entscheidungen oder Botschaften – ebenso wie den Kontakt mit bereits verstorbenen Tieren – lassen Sie das Protokoll bitte von einem fähigen Kollegen oder Kollegin anfertigen.
Nur so werden Restzweifel über die Aussagen vermieden und Sie haben die Gewissheit eines neutralen Gespräches und entsprechend neutralen Aussagen und Botschaften.

Für alle anderen Gespräche gilt:

Kommunizieren Sie mit den eigenen Tieren nach Lust und Laune:
jederzeit und so oft Sie wollen und können und sofern Ihr Tier dazu auch Bereitschaft zeigt.

Akzeptieren Sie ein „Nein" Ihrer Tiere, ohne beleidigt zu sein, und strapazieren Sie Ihren Liebling – gerade zu Beginn Ihrer neu entdeckten Leidenschaft – nicht über.
Tiere haben wie wir einen sehr ausgeprägten eigenen Willen und möchten sich nicht nur dann mitteilen, wenn wir Zeit haben und das Gespräch fordern.

Tierkommunikation funktioniert weder wenn wir uns unter Druck setzen noch wenn uns die Bereitschaft von Herzen fehlt.
Wir brauchen ein liebevolles und harmonisches Ambiente – nur so kommt ein freudiges Fließen von Kommunikation zwischen Mensch und Tier zustande.

Gerade zu Beginn und optimal zum Üben und Entfalten Ihrer neu entdeckten Fähigkeiten eignen sich die Tiere von Bekannten, Freunden, Tierheimen und sonstigen Organisationen. Gerade Letztere sind meist sehr dankbar über günstigere oder sogar kostenlose Anfängerprotokolle, um die Tiere besser und schneller vermitteln zu können!

Wie auch wir Menschen in unserer Kommunikation unterschiedlich sind, gibt es auch unter den Tieren Differenzierungen, was die Gesprächigkeit betrifft.

Beginnen wir mal mit den Typen von „kommunikationsfreudig" bis „Quasselstrippe": Diese Protokolle sind sehr leicht und mit viel Freude zu fertigen; allerdings muss man sehr flink beim Schreiben sein oder besser die Antworten auf Band aufzeichnen.
Auch „Sondersorten" wie der „Muss ich dir alles aus der Nase ziehen-Typ" oder der „Ich muss erst überlegen-" oder „Ich weiß nicht, was ich sage soll- Typ" sind möglich.
Protokolle dieser Art (er)fordern sehr viel Kraft, Energie und dauern meist über mehrere Stunden.

Auch in der Ausdrucksweise und Wortwahl unterscheiden sich unsere Tiere deutlich voneinander.
So gibt es Tiere, deren adelige Herkunft sich nicht verleugnen lässt, und auch einfachere Tiere, die über einen weniger gewählten Wortschatz verfügen und sich bisweilen nur karg äußern.

Um Ihnen einen kleinen Einblick zu gewähren, hier ein kleiner Vorgeschmack auf tierische Gespräche: Ein ganz normaler Stubentiger (ein Katerich, wie ich männliche Katzen immer liebevoll nenne) antwortete mir Folgendes auf die Frage, wozu er denn seine Krallen immer an den Holzbalken der kleinen Wohnung schärfe und sämtliche Kratzbäume ignoriere:

(Stellen Sie sich die Aussage bitte in einem hochwohlgeborenen, königlichen Tonfall vor)
„Auch wenn man es mir nicht ansieht, so bin ich doch edlen Geblütes. So schärfe ich auch zukünftig meine Krallen dort, wo es mir beliebt!"

Da waren selbst die Besitzer platt und erst nachdem ein für den Kater angemessener, sehr edler Kratzbaum gefunden wurde, konnte der Kater dauerhaft daran gehindert werden, sich weiterhin an den Wohnungsbalken zu vergehen.

Ein anderer (lustiger) „Fall" in Form eines männlichen Riesenschnauzers namens Kilian.
Es dauerte nahezu fünf Stunden, da der Hund – ein eher bodenständiger und einfacher Hundetyp – ein sehr langatmiges und äußerst spartanisches Gespräch mit mir führte.
Nahezu jede Frage wurde kurz und knapp mit einem schlichten Ja oder Nein beantwortet.
Ein Gespräch, an das ich mich selbst heute nur noch sehr ungern erinnere, da der Auftraggeber selbstverständlich alles andere als zufrieden mit dem Ergebnis war.
Dennoch hatte Kilian aus seiner Sicht alles Notwendige vermittelt.
Mehr hatte der „Gute" einfach nicht zu sagen! :o)

Das komplette Gegenteil von Kilian war eine kleine, dünne Hausgans mit dem vorzüglich treffenden Namen „Gisela Schlüter".
Ebenso wie die bereits verstorbene und sehr bekannte deutsche Komödiantin schnatterte und textete mich dieses kleine, weiße Federvieh so dermaßen zu, dass ich alle Mühe hatte ihren Ausführungen und Aussagen zu folgen.

Ganze zehn (!) Seiten füllte „Frau Schlüter" mit ihren ach so lieben Botschaften an ihre Besitzer. Nach dem Gespräch benötigte ich fast zwei Stunden, um mich von dem Gesprächsmarathon zu erholen ...

Übrigens sind – wie Sie an nachfolgendem Beispiel von Frau Schlüter erkennen können – nicht alle Tiere gnädig! :o) Jede flehende Bitte meinerseits an die kommunikationsfreudige Gans doch endlich mal einen Gang runterzuschalten (= langsamer zu sprechen) wurde mit den Worten: „Tja, Frau Michalke, das ist dann wohl Pech und somit Ihr Problem ...bla bla" zunichtegemacht.
Es war also *mein* Problem – zumindest aus Sicht von Frau Schlüter?!
Was sagt man dazu – toll, oder?

Wenn ich recht überlege, hat das freche Federvieh, auf mein Bitten hin, wohl eher noch ein wenig an Gesprächstempo zugelegt.
„Gans Giselas" Geschnatter klingt noch heute in meinen Ohren nach ...

Natürlich gäbe es noch unzählige weitere Anekdoten aus dem Reich der Tierkommunikation.

Wahrscheinlich könnte ich damit wohl locker noch weitere zwei, drei oder mehr Bücher füllen.

Den Rahmen dieses Buches würden weitere Kurzgeschichten jedoch deutlich sprengen.

Dennoch sind mir die Geschichten und die Erfahrungen mit den Tieren sehr, sehr wichtig!

Aus diesem Grund habe ich Ihnen als kleine „Entschädigung" eine kleine Auswahl meiner allerschönsten Erlebnisse (ganze Protokolle) am Ende des Buches angeführt.

Tiere sind etwas ganz Besonderes.

Wie mutig sind Sie nun?
Bereit, den nächsten Schritt zu wagen?

Auf den nächsten Seiten finden Sie eine leicht verständliche Schritt-für-Schritt-Anleitung für ein erstes Gespräch mit einem Tier Ihrer Wahl...

Kapitel 5
Anleitung – Schritt für Schritt

...inkl. eines einfachen 10-Punkte-Programm für Anfänger und Fortgeschrittene

Die Kommunikation mit dem Tier sollte gut und vor allem sorgfältig vorbereitet werden.

Daher habe ich eine einfache und verständliche „Schritt für Schritt"-Anleitung – auch für Anfänger – ausgearbeitet.

Beachten Sie bitte, dass Sie für ein Gespräch immer genügend und ausreichend Zeit (je nach Fragen mind. 1–3 Stunden) benötigen.
Achten Sie darauf, dass Sie psychisch UND physisch absolut gesund sind.
Nur 100%iger Gesundheit und kein Stress gewährleisten eine ordentliche und seriöse Arbeit mit dem Tier!

Generell halte ich es für sinnvoll, dass Sie sich erst mit der kompletten Schritt-für-Schritt-Anleitung vollkommen vertraut machen, bevor Sie in Ihr erstes Gespräch mit einem Tier gehen.

Das 10-Punkte-Programm zur einfachen Tierkommunikation

Punkt 1. Zuerst einmal gehe ich davon aus, dass Ihnen das Einverständnis des Tierbesitzers vorliegt.
Dieses Einverständnis ist ein absolutes MUSS.
Sie sollten wenigstens den Namen und ein ungefähres Alter/Rasse des Tieres wissen.

Punkt 2. Welche Vorabinformationen Sie zu dem Tier benötigen, hängt vom Umfang und der Art der Fragen ab. Generell rate ich Ihnen gerade am Anfang zu höchstens 3–5 Fragen pro Gespräch. Diese sollten bereits vor dem Gespräch vorliegen. Wenn Sie die Antworten fließend und mit entsprechenden Nachfragen zufriedenstellend herausarbeiten können, sind Sie in der Lage, auch ein paar mehr oder tiefer gehende Fragen gemeinsam mit einem Tier zu erörtern.

Punkt 3. Erst wenn Sie sich in der Kommunikation mit lebenden Tieren sehr gut, sicher und souverän bewegen, können Sie sich getrost einen Schritt weiter wagen und von nun an auch Gespräche mit verstorbenen Tieren führen.
Die Energie von verstorbenen Tieren ist viel feiner und subtiler als die Energie von lebenden Tieren. Aus diesem Grund erfordert diese Form der Kommunikation ein erhöhtes Maß an Konzentration, Ruhe und Zeit!
Vergessen Sie bei aller Euphorie bitte eines nicht: Meine Protokolle sind das Ergebnis einer jahrelangen und sehr intensiven Arbeit mit den Tieren und mit mir!

Punkt 4. Benötigen Sie ein Foto des Tieres, mit dem Sie Kontakt aufnehmen möchten.
Auf diesem Foto sollte nur das betreffende Tier abgebildet sein.
Die Augen müssten gut erkennbar sein und ferner sollten sich keine anderen Tiere oder Menschen auf diesem Foto befinden.
(Geübte können dies im späteren Verlauf auch mit Tierhaaren oder im direkten Kontakt mit dem Tier versuchen. Bei den eigenen Tieren funktioniert die Kommunikation – mit ein wenig Übung – bald ohne „Hilfsmittel"!)

Punkt 5. Sorgen Sie für ein harmonisches und vor allem ungestörtes Umfeld. Nichts ist schlimmer, als wenn Sie ein Gespräch wegen eines Telefonanrufes unterbrechen müssten...
Wenn ich mich auf das Gespräch mit einem Tier vorbereite, zünde ich mir gerne gut duftende Kerzen an.
Auf helle Lichtquellen verzichte ich zugunsten meiner Konzentration. Leise Hintergrundmusik unterstützt zusätzlich bei der Entspannung.

Punkt 6. Sollten Sie sich vor dem Gespräch für ein geeignetes Schreibmedium entscheiden und somit entweder

- einen Computer bereithalten, in den Sie den Gesprächsverlauf sofort eintippen können

oder

- ausreichend Papier und Stifte bereithalten

oder

- ein Aufzeichnungsgerät (MP3-Player, Diktiergerät o. Ä.) zur Hand haben, der Ihre Aussagen (Fragen und Antworten) aufzeichnet.

Mit Letzterem können Sie dann die Datei im Original an den Tierbesitzer senden oder das Ganze per Computer – in aller Ruhe – in eine ordentliche Reinschrift bringen.

Punkt 7. Da wir uns den energetischen Ebenen öffnen, sollten wir uns gut schützen.
Hierzu können Sie natürlich den Schutz verwenden, den Sie bereits täglich verwenden oder nachfolgende Möglichkeit in Anspruch nehmen:

Allgemeine Übung zum geistigen Schutz:

Schließen Sie die Augen und stellen Sie sich vor, wie aus Ihren Füßen ganz dicke Wurzeln wachsen und sich diese ganz tief mit dem Erdinneren verbinden.
Gleichzeitig öffnen Sie sich nach oben, indem Sie sich bitte vorstellen, wie Ihr Herz ganz groß und weit wird, um Liebe und die Botschaften der Tiere zu empfangen.

Fühlen Sie wie eine reine, göttliche Liebe durch Sie hindurchfließt und Sie davon angenehm und warm durchströmt werden.

Um sich gänzlich von unerwünschten Einflüssen abzuschirmen, stellen Sie sich nun bitte vor, wie Sie von einer Energiespirale umgeben sind.
Stellen Sie sich diese sich bewegende, vibrierende Energiespirale in einer Farbe vor, die Sie mit dem Begriff „SCHUTZ" assoziieren.

Falls Sie hierzu keinen Impuls verspüren, wählen Sie entweder die Farbe Weiß, Gold oder beides.

Punkt 8. Sie stehen nun kurz vor Ihrem ersten Kontakt und sollten nur noch Ihren Geist reinigen, damit Sie ohne Erwartung und ohne Vorurteile die Botschaften der Tiere empfangen können.

Nachfolgend stelle ich Ihnen zwei unterschiedliche Varianten vor.
Beide sorgen gleichermaßen dafür, dass Sie sich ohne Angst, Zweifel und Sorgen an ein Tier wenden können.

Wählen Sie nachfolgend einfach die Variante, zu der Sie sich hingezogen fühlen, oder diejenige, die Ihnen sympathischer erscheint.
Gehen Sie wie folgt vor:

Variante 1 – Reinigung Wasserfall:

Stellen Sie sich mit geschlossenen Augen vor, dass Sie unter einem kristallklarem Wasserfall stehen und Ihren Körper und vor allem Ihre Gedanken von dem herrlichen und angenehm warmen Wasser gereinigt werden. Das herabfließende Wasser befreit Sie von negativen Gedanken, Sorgen, Ängsten und Zweifeln, die Sie an einer ordentlichen Kommunikation hindern könnten.

Dieser Vorgang dauert so lange, bis Sie das Gefühl haben klar, frisch und gereinigt zu sein: Sie sollten Freude für das bevorstehende Gespräch empfinden.

Variante 2 – Raum der Reinigung:

Stellen Sie sich mit geschlossenen Augen vor, dass Sie sich in einem hellen, weißen und von Licht durchfluteten Raum befinden.

In diesem Raum gibt es ein großes, geöffnetes Fenster. Stellen Sie sich an dieses Fenster und beobachten Sie in aller Ruhe die vorbeiziehenden, weißen, weichen Wolken.

Wann immer Sie störende oder negative Gedanken empfinden, geben Sie diese einer der vorbeiziehenden Wolken mit.
Blicken Sie den Wolken nach und beobachten Sie, wie Ihre Gedanken ganz einfach und schwerelos fortgetragen werden ...

Wiederholen Sie dieses Ritual, solange Sie entsprechende Gedanken wahrnehmen.

Auch dieser Vorgang dauert so lange, bis Sie das Gefühl haben klar, frisch und gereinigt zu sein.

Ferner sollten Sie auch hier wieder den dringenden Impuls verspüren, mit dem Gespräch beginnen zu wollen.

Punkt 9. Nehmen Sie sich nun in aller Ruhe das Foto des Tieres zur Hand, mit dem die Kommunikation stattfinden soll.

Blicken Sie dem Tier in die Augen und stellen Sie sich vor, wie sich eine feine, zart silberne Schnur aus Ihrem Stirnchakra (= drittes Auge, der Bereich zwischen den Augenbrauen, oberhalb der Nasenwurzel) heraus mit dem Stirnchakra (dritten Auge) des Tieres verbindet.
Dieser Vorgang erfordert ein wenig Übung und kann am Anfang einige Minuten in Anspruch nehmen.

Wenn Sie spüren, dass der Kontakt zu diesem Tier steht – das kann ein Kribbeln im Körper oder in den Händen sein, ein ganzheitlich warmes und wohliges Gefühl oder auch als stünde man ganz leicht unter Strom (natürlich auch jegliche andere, angenehme Körperregung) – können Sie in das Gespräch gehen.

Beginnen Sie möglichst unverkrampft mit dem Gespräch und sprechen Sie – laut oder auch in Gedanken - indem Sie sich (wie im richtigen Leben auch) erst einmal vorstellen und dem Tier erklären, wieso, weshalb und warum Sie den Kontakt mit ihm suchen.
Richten Sie alle Ihre Fragen stets liebe- und respektvoll an das Tier.
Klären Sie ferner, ob das Tier mit Ihnen sprechen möchte. Wenn Sie hierzu ein klares JA (kann auch ein Gefühl sein) erhalten, können Sie mit Ihren Fragen beginnen.

Haben Sie Zweifel? – Warten Sie einfach ab!

Die Antworten kommen meist blitzschnell. Schreiben Sie diese einfach auf, ohne darüber nachzudenken oder diese zu werten.

Schreiben Sie alles auf und legen Sie für die Gesprächsdauer Ihren Verstand beiseite. Notieren Sie sich immer die ersten Gedanken, die sich auf eine Frage zeigen – die ersten Informationen sind immer die richtigen.

Achten Sie auch auf Ihre eigene Befindlichkeit wie z.B. Frieren, Zittern, Hunger, Durst, Angst oder auch Liebe, Schmerz, Leid und andere körperliche und psychische Empfindungen.
All dies wird Ihnen während der Verbindung vom Tier gezeigt und vermittelt.

Ferner bedienen sich Tiere auch gerne einer Symbolsprache. So zeigte mir ein Pferd durch einen rostigen Nagel seinen „Eisenmangel" oder ein anderes Pferd vermittelte mir mit der Empfindung von einem starken Kribbeln am ganzen Körper das Unwohlsein in einem Stall, direkt unter einer Starkstromleitung.

Führen Sie dieses Gespräch ebenso locker und unbefangen, als würden Sie mit einem guten Freund oder einer guten Freundin bei einem Kaffee zum Gespräch zusammensitzen.

Bitte keine Eile und keinen Stress – Sie haben alle Zeit der Welt! :o)

Punkt 10. Wenn alle Ihre Fragen zufriedenstellend beantwortet wurden, können Sie zum Abschluss des Gespräches Ihr Tier nach einer persönlichen Botschaft für den Besitzer und/oder für sich selbst befragen.

Hier fließen die meisten und vor allem die interessantesten Informationen!
Vergessen Sie nicht, sich bei dem Tier ausreichend zu bedanken, bevor Sie sich verabschieden und den Kontakt beenden.

Trennen Sie nun die Silberschnur, die Sie mit dem Tier verbindet.
Dies kann symbolisch bzw. mit Hilfe des Visualisierens (gedankliches Vorstellen) eines zarten „Auseinanderzupfens", eines zarten „Reißens" oder eines sanften „Durchtrennens" der „Schnur" mittels Ihrer Hände/Finger oder einer kleinen, goldenen Schere geschehen.

Der Kontakt ist nun beendet.

Lehnen Sie sich erst einmal zurück und atmen Sie tief ein und wieder aus.
Kommen Sie langsam zurück ins Hier und Jetzt.
Oftmals benötigen wir auch entsprechend Zeit und Ruhe, um wieder in unsere Realität zu finden.

Wenn Sie die ersten Gespräche ernsthaft geführt haben, werden Sie wissen, weshalb es – wenn man seriös arbeitet – nicht möglich ist, mehr als maximal zwei Protokolle pro Tag zu fertigen.

Und noch mal: Haben Sie Geduld mit sich!

Kapitel 6
Hilfreiche Tipps

Fließt einmal keine Antwort oder bekommen Sie keinen Kontakt, kann dies ein Zeichen dafür sein, dass das Tier (noch) nicht bereit für die Kommunikation ist. Akzeptieren Sie dies!
Haben Sie einfach Geduld und probieren es einfach zu einem späteren Zeitpunkt noch einmal wie ab Punkt 1 beschrieben.

Respektieren Sie die Wünsche des Tieres nach Vertraulichkeit. Nicht alles ist unverblümt für die Ohren eines Besitzers geeignet.
So manche Botschaft, die an den Tierbesitzer vermittelt werden soll, erfordert ein erhöhtes Maß an Einfühlungsvermögen und Fingerspitzengefühl von Ihnen.

Ferner erzählen Tiere manchmal auch bestimmte Dinge, die nicht weitergegeben werden dürfen – halten Sie sich bitte daran!

Erfüllen Sie die Wünsche des Tieres nach Möglichkeit – versprechen Sie jedoch nichts, was Sie bzw. der Tierhalten nicht (ein-)halten kann.

Verhalten Sie sich dem Tier gegenüber respektvoll und liebevoll – wie ein guter Freund.
So wird das Tier jederzeit auch gerne wieder mit Ihnen (für evtl. Nachfragen) in Kontakt treten.

Optimale Anfangsfragen wären z.B.: Wie geht es dir?, Was machst du gerade?, Was frisst du am liebsten?, Was wünscht du dir?, Was sollte verändert werden?, Hast du eine Botschaft für Deine Besitzer? ... usw.

Selbstverständlich können Sie auch dem Tier die Gesprächsführung überlassen.
Es liegt nun ganz bei Ihnen:
Alles ist möglich – nichts ist vorhersehbar! :o)

Vergessen Sie nicht: Sie sind kein Hellseher und können nur die Botschaften übermitteln, die Ihnen das Tier übersendet und zu dessen Aussagen es bereit ist.
Zwingen Sie kein Tier zu einer Botschaft!

Überlegen Sie immer VOR der Kommunikation, mit welchen Fragen Sie beginnen möchten bzw. bitten Sie den Besitzer, sich entsprechende Fragen an sein Tier – in Ruhe – auszudenken.
Weitere wichtige Fragen entstehen meist aus der laufenden Kommunikation heraus.
Zum Üben ist es jedoch immer sinnvoll, sich entsprechende Fragen vorzubereiten.

Vermeiden Sie ängstigende oder abschreckende Fragen wie z.B. Wirst du von deinem Besitzer gequält oder geschlagen?
Falls Ihnen ein Tier das mitteilen möchte, geschieht dies in der Regel ohne, dass Sie nachfragen müssen.

Heben Sie sich von jedem Gespräch ein Protokoll mit Foto des Tieres auf oder führen Sie ein Gesprächstagebuch – so können Sie auch noch nach Jahren auf Ihre Anfänge zurückblicken und sehen vor allem Ihr eigenes, persönliches Wachstum!

Ein Tipp aus dem „Nähkästchen":
Besonders liebe ich es, wenn sich ein Gespräch dem Ende neigt, da ich stets mit der Frage „Hast du eine Botschaft für deine Besitzer?" schließe.

Hier gehen die Tiere erst so richtig aus sich heraus und können nun all das loswerden, wonach die Besitzer nie gefragt hätten.
Diese Worte und Botschaften sind die eigentlichen Perlen eines jedes Protokolls!

Haben Sie Mut für weitere Gespräche.
In der Tierkommunikation gilt besonders, nur die

...Übung macht den Meister :o)

...und auch zum Schluss dieses Kapitels noch einmal:

Haben Sie Vertrauen und Geduld mit sich selbst – aller Anfang kann schwer sein!
Sie werden sehen, dass Ihnen alles – mit ein wenig Übung und entsprechendem Feedback – bald viel leichter von der Hand gehen wird!
Oder waren Sie während Ihrer Lehrzeit tatsächlich in der Lage, innerhalb weniger Stunden Ihre übertragenen Arbeiten perfekt zu verrichten?

Kapitel 7
Keine Angst ...

... vor falschen Interpretationen !

Lassen Sie sich – gerade am Anfang Ihrer Arbeit – nicht zu sehr von Ihren vermeintlichen Falschaussagen oder Fehlinformationen verunsichern.

Ab und an hören gerade Anfänger folgende Aussage eines Tierbesitzers: „Nein, diese Aussage über mein Tier stimmt so nicht, weil ..." oder „So stimmt das gar nicht, denn unser Tier möchte ..."

Für derartige Aussagen gibt es mehrere mögliche Gründe:

1. Sie selbst oder der Besitzer haben eine Botschaft des Tieres falsch verstanden. Dies kann z.B. dann passieren, wenn sich während der Kommunikation der Verstand blitzschnell in den Vordergrund schiebt. Das nehmen Sie bewusst noch nicht einmal wahr.
   Aller Anfang ist schwer und bekanntlich ist noch kein Meister vom Himmel gefallen. Bitte lassen Sie sich nicht entmutigen und bleiben Sie Ihren Aussagen treu. Vertrauen Sie sich UND dem Tier!

2. Tiere haben in der Regel ein wesentlich besseres Gedächtnis als wir Menschen und erinnern sich an wichtige Einzelheiten, die wir z.B. nur in unser Kurzzeitgedächtnis speichern.

3. Tiere benutzen (wie bereits weiter oben beschrieben) sehr gerne Symbole – die wir, oftmals falsch deuten. Diese Symbole machen es in besonderem Maße erforderlich, dass wir ALLES, was wir empfangen, weitergeben. Selbst wenn wir damit nichts anfangen können – die Besitzer sind oftmals in der Lage, die Botschaften zu deuten!

4. Tiere haben mittels ihrer Sinne eine viel feinere und sensiblere Wahrnehmung als wir Menschen. Daher nehmen Sie Formen und Farben, Gerüche und Düfte, Außenkontakte, Farben, andere Menschen, andere Tiere, uns und auch unsere Umgebung ganz anders wahr.
   Auch das Zeitgefühl entspricht nicht dem eines Menschen.

5. Fragen werden meist dann „falsch" beantwortet, wenn diese ungenau formuliert wurden. (Vermeiden Sie Fragestellungen mit oft, immer, stets usw.!)

6. Möglich ist auch, dass ein Tier Angst hat – sowohl vor seinem Besitzer als auch vor den möglichen Konsequenzen und Folgen. Das ist ein wichtiger Grund, der Tiere ab und an zu Falschaussagen und Lügen treibt. Zweifeln Sie nicht an sich, sondern ziehen Sie vielmehr auch diese Möglichkeit in Betracht!

7. Für mache Tiere gibt es nicht nur eine Antwortmöglichkeit. Tiere können z. B. viele verschiedene Lieblingsplätze haben. Würden Sie meine Hunde befragen, käme wahrscheinlich allen Lieblingsplätzen voran unser Bett, dann die Couch und unsere Nelly würde sagen: „Mein Lieblingsplatz ist da, wo mein Frauchen ist."

8. Tiere haben eine andere Auffassungsgabe als wir Menschen und messen ab und an auch in einem anderen Maß.

9. Tiere sprechen auch oft in oder von der Vergangenheit. Nicht jedes Tier ist sich des Überganges von einem Leben in das nächste Leben bewusst. Daher kann es auch sein, dass Ihnen eine Erinnerung aus einem früheren Leben vermittelt wird.

10. Ab und an hört ein Tier etwas innerhalb der Familie – vielleicht ein Satz, der im Spaß gesagt wurde. Wir alle wissen, dass gerade die Spezies Mensch einen oftmals sehr merkwürdigen (oft schwarzen) Humor hat. Tiere können manchmal nicht unterscheiden, was Spaß und was ernst ist. Besonders junge Tiere haben mit unserem Humor oftmals ihre Probleme: Ich erinnere mich gerade an einen sehr ungeduldigen Reiter, der sein Pferd – wenn es bockig war – immer laut mit den Worten „Wenn du nicht parierst, dann kommst du eben zum Schlachter!" beschimpfte ...

Kapitel 8
... auch Farben haben eine Bedeutung

Sendet Ihnen ein Tier eine Farbe (oder Farben), versteckt sich dahinter meist auch eine Botschaft.

Um Ihnen ein wenig Hilfestellung zu geben, finden Sie hier die Bedeutung der wichtigsten Farben. Wir unterscheiden hier nicht zwischen hell und dunkel, jedoch sagt die Intensität bzw. die vermittelte Leuchtkraft der Farbe etwas über die Intensität des Gemütszustandes bzw. der momentanen Verfassung des Tieres aus.

So steht z.B.:

... die Farbe Rot meist für:

Ärger, Wut, Blut, aber auch Motivation und Vorwärtsdrang

... die Farbe Rosa meist für:

Liebe, Harmonie, Geduld, Herz, Frieden und Sensibilität

... die Farbe Gelb meist für:

Freude, Glück, Kreativität, aber auch Gier, Geiz und Neid

... die Farbe Orange meist für:

Heiterkeit, Frohsinn, Lust und Laune

... die Farbe Blau meist für:

Ruhe, Entspannung, Sicherheit und Geborgenheit

... die Farbe Violett meist für:

Freiheit, innere Ruhe und Gelassenheit, Spiritualität und eine besonders sensible Wahrnehmung

... die Farbe Braun meist für:

Gelassenheit, innere Zentriertheit und Bodenhaftung

... die Farbe Schwarz meist für:

Neutralität, Schutz, Konzentration, Trauer, Tod und Neubeginn

...die Farbe Weiß meist für:

Klarheit, Reinheit, das Göttliche, Neutralität und der geistige und innere Frieden. Ferner vereint die Farbe Weiß alle Farben des Regenbogens.

Kapitel 9
Die Sinne in der Tierkommunikation

Generell arbeiten wir während des Gespräches mit allen unseren Sinnen.
Sie sehen, dass es gar nicht so einfach ist, alle Aspekte der Kommunikation zu berücksichtigen und unter einen Hut zu bringen.
Wie ich bereits schon erwähnt habe, ist alles eine Frage Ihrer Zeit, Ihrer Geduld und natürlich der Übung.
Für Protokolle, wie diese hier im Buch zu finden sind, war eine jahrelange, intensive Arbeit mit den Tieren notwendig – vergessen Sie das bitte nicht!

Mit welchen Sinnen nehmen wir nun während eines Gespräches wahr?

1. Mit unserem Sehsinn – auch mit geschlossenen Augen können wir sehen. Das ist es, wenn ich davon spreche, dass wir nur mit dem Herzen wahrnehmen bzw. „sehen" können. Im weiteren Verlauf der Arbeit mit Tieren ist es dennoch möglich, tatsächlich, wie ein Medium, mit den Augen wahrzunehmen bzw. zu sehen. Wenn wir ein Tier darum bitten, mit seinen Augen sehen zu dürfen, nehmen wir das wahr, was auch das Tier in diesem Moment sieht.

2. Mit unseren Ohren – auch hier können wir Botschaften, z.B. ein Rauschen oder andere Geräusche, empfangen, die das Tier in diesem Moment wahrnimmt.

3. Mit unserem Geruchssinn – auch hier sollten Sie stets darauf achten, welchen „Geruch" Ihnen das Tier während des Gespräches vermittelt – diese Eigenschaft ist besonders wichtig, wenn es darum geht, vermisste Tiere aufzuspüren.

4. Mit unserem Geschmackssinn – hier ist es u. a. auch möglich, zu schmecken, was Tiere z.B. gerne fressen – sicher nicht jedermanns Sache, dennoch eine durchaus interessante Erfahrung)

5. Während der Kommunikation sind alle Empfindungen – die wir fühlen und in unserem Köper wahrnehmen – eine Botschaft der Tiere an uns, z.B. Schmerzen aller Art, Wärme- bzw. Kältegefühl usw. Diese Empfindungen verschwinden – wie alle Wahrnehmungen der Sinne – wenn wir die Kommunikation mit dem Tier beenden.

6. Der so genannte 6. Sinn, unser Bauchgefühl, unsere Intuition ist unser Helfer und die Herz-zu-Herz-Vermittlung zwischen dem Tier und uns.
Über diesen sehr wichtigen Sinn, kann die Kommunikation erst stattfinden.

Wussten Sie eigentlich, ...

...dass Sie mit jeder Kommunikation die Sie tätigen, ALLE Ihre Sinne nachhaltig stimulieren und fördern?

Je mehr Sie also üben, desto sicherer, ausgeprägter und feiner wird Ihre Wahrnehmung – auch im täglichen Leben.

Sie werden bald verstehen, wenn ich sage, dass es ein Vorteil für Ihr Leben sein kann, wenn Ihre Wahrnehmung mit der Zeit viel ausgeprägter und empfindsamer wird.

Kapitel 10
Tierische Gespräche – aus meinem Alltag

Mit Tieren in die Kommunikation zu gehen, ist mit eines der schönsten Dinge, die ich mir in meinem Leben vorstellen kann.
Um nichts auf der Welt möchte ich auf diese Gabe verzichten.

Im Laufe der Jahre haben sich viele wundervolle Protokolle angesammelt.
Protokolle, während denen ich gelacht und geweint habe.

Auf den nachfolgenden Seiten finden Sie eine Auswahl meiner allerschönsten Protokolle.

Die Tiernamen und Protokolle wurden teilweise verändert, um so die Privatsphäre der Besitzer zu schützen – diese Protokolle sind entsprechend gekennzeichnet.

Teils finden Sie auch Protokolle von meinen eigenen Tieren – auch diese wurden entsprechend gekennzeichnet.

Für alle veröffentlichten Originalprotokolle von fremden Tieren haben mir die Besitzer ihr Einverständnis zur Veröffentlichung in meinem Buch geben.

An dieser Stelle einen herzlichen Dank an alle diejenigen, die bereit waren, diese wundervollen und einmaligen Gespräche mit uns allen zu teilen.

Viel Freude nun beim Lesen und legen Sie sich sicherheitshalber ein paar Taschentücher griffbereit ...!

Die Geschichte von Pamé

Dies ist die wundervolle Geschichte unserer lieben Galgohündin Pamé (gesprochen Pami), die wir vor einigen Jahren nach dem Tod unserer Hündin Tessa aus einem spanischen Tierheim zu uns nach Deutschland holten.

Dieses Gespräch habe ich selbst am Tag ihrer Ankunft am Münchner Flughaften geführt:

Nach dem Tod unserer Hündin Tessa haben wir lange überlegt, ob wieder ein Hund bei uns ein Zuhause finden sollte.

Na ja, lange war es eigentlich nicht – eher waren die Diskussionen hierüber sehr intensiv. :o)
Die Entscheidung nahm uns ein Besuch eines Internetportal ab, das sich vorwiegend um die Vermittlung von Hunden mit Handicap aus dem Ausland beschäftigte.
Schnell fiel die Entscheidung auf eine sanft wirkende Galgo-Hündin, die aufgrund eines Bruches des Vorderfußes mit dem Laufen eingeschränkt war – es war Liebe auf den ersten Blick!
So sollte es sein.

PAMÉ wollten wir in unserer Familie ein neues Zuhause geben.

Am Sonntag, dem 27.08.2006, war es dann soweit. Unsere ca. knapp zwei Jahre alte Hündin Pamé fand den Weg von Malaga/Spanien in unsere Familie.

Pamé lebte auf der Straße. Sie wurde von einer Frau, die sie auf der Straße fand, in ein spanisches Tierheim (unter deutscher Leitung) gebracht. Das rettete fürs Erste das Leben der bildhübschen Hündin. Ansonsten hätte sie sich wohl früher oder später in einer der vielen Tötungsstationen wieder gefunden – Alltag in Spanien.

Pamé hatte einen schlecht verheilten Bruch am Vorderbein und war deshalb in ihrer Bewegung eingeschränkt.
Sie war auf beiden Ohren taub und hatte sicher auch sonst schon viel in ihrem noch jungen Leben mitgemacht.
Überhaupt bewegte uns die Geschichten der spanischen Galgos noch vor der Entscheidung, diese Hündin zu uns zu nehmen, sehr tief und ich verbrachte so manche Stunde mit Tränen in den Augen vor meinem PC.

Ich habe Bilder von gequälten und geschundenen Tieren gesehen und ich dachte während des Anblickes, dass mir mein Herz zerreißt.
Doch Pamés Geschichte zeigt auch, dass diese Hunde bedingungslos liebenswerte Geschöpfe sind und ihre Dankbarkeit jede Sekunde in ihrem neuen Leben ihren Menschen zeigen.

Nachfolgendes Protokoll, fertigte ich gemeinsam mit meiner Hündin.

Sie vermittelte oder vielmehr müsste ich sagen, sie diktierte mir ihre Eindrücke vor und während des Fluges und ihre ersten Eindrücke im neuen Zuhause bei uns.
So lässt uns diese zarte Hündin alle an einem wunderschönen Happy End teilhaben.

Ferner soll Ihnen diese Arbeit einen kleinen Einblick in meine Arbeit gewähren und Ihnen aufzeigen, was auf Sie zukommen kann, wenn Sie sich für einen Kontakt mit Ihrem Tier entscheiden.

Bedenken Sie, dass unsere Tiere ebenso individuell sind wie wir Menschen. Es gibt Tiere, die sehr poetisch sind, und andere Tiere, die sich eher prägnant und schlicht in ihren Aussagen halten.

Ich wünsche Ihnen viel Freude beim Lesen!

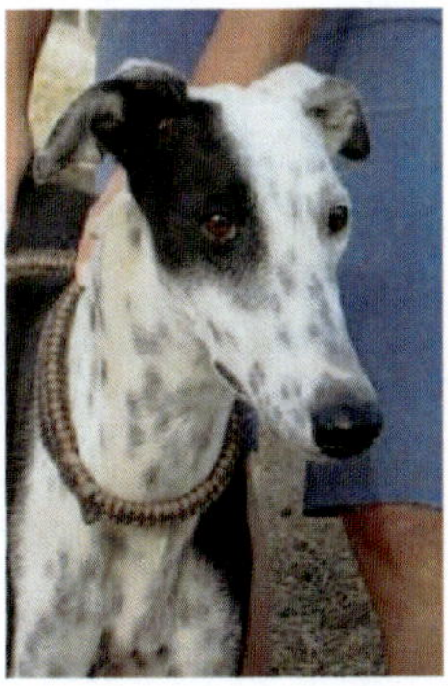

Unsere Pamé – 2006

Ein Engel kehrt nach Hause – oder wie aus Maruja Pamé wurde

Diktiert von Pamé Michalke

Mein Name ist Maruja, ich bin eine spanische Galga und wurde – ich kann es ehrlich noch gar nicht fassen – von euch deutschen Menschen adoptiert.
Adoptiert ist eigentlich das falsche Wort, vielmehr haben mich Menschen eingeladen, zusammen mit ihnen in einer – ich glaube sie nennen es Familie – zu leben.
Das klingt unglaublich spannend, sodass ich schon in Spanien ganz fürchterlich aufgeregt war, wie sich so eine Familie „anfühlt".

Während ich im Flieger voller Angst wartete, spürte ich plötzlich mein neues Frauchen.
Ihr müsst wissen, sie kann mit Tieren sprechen und kann fühlen, was wir fühlen.

So lauschte ich also ihren Worten, die mir noch etwas fremd vorkamen ... noch nie habe ich Menschen so liebevoll und ehrlich zu mir sprechen hören. Ich hörte Worte wie „Ich liebe dich", „Sorge dich nicht" und „Hab keine Angst".

Als mein neues Frauchen dann zum Schluss auch noch sagte: „Wir freuen uns so sehr auf dich, hab keine Angst – alles wird gut...!", da endlich konnte das Beruhigungsmittel seine Wirkung entfalten und ich gab mich das erste Mal – und das obwohl ich sie noch nicht einmal kannte – bedingungslos ihrer Liebe hin und wurde ganz ruhig.

Sie fragte MICH, ob ich denn lieber Pamé oder Tashi heißen würde ...
Mein Herrchen liebt ein besonders fernes, weises Land. Man nennt es Tibet. Mein Frauchen erklärte mir, dass Tashi „Glück und Segen" bedeuten würde und „Pamé" meine Heldin.
Ich, eine Heldin ? Ich kann nicht fassen, dass meine neue Familie gerade in mir eine Heldin sieht? Ganz ehrlich fühle ich mich nicht so, doch es macht mich gleichzeitig in diesem Moment unendlich stolz, dass MEINE Familie in mir eine Heldin sieht. Ja, ich bin mir jetzt sicher. Pamé. Diesen Namen möchte ich tragen. Dieser Name macht mich, zugegebenermaßen, so RICHTIG stolz. Ich freue mich!

Ich erschrecke, als es anfängt zu rumpeln.
Na so was, was ist denn das??
Ach, mein Frauchen hat mir ja erklärt, dass – kurz bevor ich abgeholt werde – eine LANDUNG geschieht. Keine Ahnung was das ist, doch ich fühle aufgeregt, dass ich kurz vor meinem ganz großen Glück stehe.

Das große Ding, in dem ich nach Deutschland kam, ist jetzt wohl LANDUNG (?), denn Männer schieben meine große Kiste, durch die ich nicht viel erkennen kann, umher. Sie stellen mich auf ein Band. Ein Band, das fahren kann?
Ja, wo gibt's denn so was?

Ich kann mich nur noch wundern, denn so viele Dinge und Eindrücke auf einmal. Im Moment fühle ich mich sehr klein und ich habe gerade eben keine Ahnung, was kommen wird ... oh Moment, da fallen mir wieder die Worte meines Frauchens ein, wie sie zu mir sagt: „Hab keine Angst, meine kleine Pamé ... alles wird gut!" – und ich, ich vertraue ihr.

Von da an wird es für mich spannend, denn der Moment ist gekommen, an dem meine Tür von einem Mann geöffnet wird. Freiheit. Ich darf endlich raus. Bin ich zu Hause?
Es ist die Hand meines Herrchens, die er mir vorsichtig entgegenstreckt.
Die Hand meines Herrchens fühlt sich weich an. Sehr zart und warm. Ganz behutsam und liebevoll streichelt er mir über mein zartes Köpfen.
Diesen Mensch könnte ich doch glatt in mein Herz schließen?
Ein kleines Stück ? Ach, nein, ich warte lieber noch eine Weile ... Vorsicht ist eine Tugend, das habe ich in meinem bisherigen Leben gelernt.

Mein neues Herrchen bringt mich in ein Auto. Gut, dass er mich vorher noch mal auf eine Wiese schickt. Das tat not und war echt eilig.
Auf der Nachhausefahrt konnte ich von hinten aus vieles beobachten. Vieles kenne ich schon von da, wo ich herkomme, und vieles konnte ich entdecken, was mir neu war.

„So Pamé, wir sind zu Hause", sagt mein Herrchen, als das Auto zum Stehen kommt.
Sofort beginnt mein Herz wie wild zu schlagen. Ich bin doch schon so aufgeregt, denn jetzt, kommt MEIN ZUHAUSE.

So viele Stunden und Tage vorher habe ich mir schon Gedanken gemacht, wie wird es wohl aussehen? Wie wird es sich anfühlen, das ZUHAUSE?

Mein Herrchen lässt mich aussteigen und führt mich zur Tür. Ganz ehrlich – so wohl ist mir nicht dabei und doch erinnere ich mich gerade jetzt wieder der Worte meines Frauchens: „Alles wird gut!" – „Sei tapfer, kleine Pamé", sage ich selbst zu mir, hebe mein Köpfchen – wie eine Heldin – und schreite tapfer mit der ersten Pfote in mein neues Leben mit Namen „ZUHAUSE".

Ganz ehrlich? Ich bin überwältigt.
Was ich sehe und fühle, kann ich kaum glauben.
Große Räume, alles ist hell und so ... so ... so sauber!
Ich fasse es nicht, dass ich ab jetzt hier leben soll?
Meine Augen gehen auf Entdeckungsreise ... und so von hinten höre ich so irgendwie, dass mein Herrchen zu mir sagt: „Willkommen zu Hause, Pami – meine kleine Heldin!"

Ich fasse es wirklich nicht.

Es ist alles so groß, so neu, so hell und unglaublich wunderschön. So stelle ich mir den Himmel vor. Anders kann es nicht sein.
Das hier muss der Himmel sein, und dieser Himmel hat mich eingeladen, „nach Hause" zu kommen.
Endlich ... ich bin ZU HAUSE.
Eine Schüssel mit frischem, sauberem Wasser und Futter steht da für mich ... hm ... das riecht aber gut.

Irgendwie würde ich gerne, doch ich traue mich noch nicht – vielleicht ist das ja doch nicht für mich. Schließlich will ich ja nicht schon am ersten Tag etwas falsch machen.
Also entschließe ich mich, erstmal abzuwarten.
Ich fühle mich wohl, unendlich wohl.

Zugegeben noch ein klein wenig unsicher, doch ich fühle mich wohl.

Wo ist eigentlich Frauchen?
Doch ich bin im Moment zu geschafft, mehr darüber nachzudenken.
Ich leg mich erstmal auf diesen schönen, hellen Fliesenboden, ruhe mich ein wenig aus.
Mal sehen, was als Nächstes passiert...

Ein Geräusch! An der Türe tut sich was.
Ganz gespannt beobachte ich die Türe, wie sie sich langsam öffnet. Wer oder was mag das sein?
Eine Frau mit langen, blonden Haaren sieht vorsichtig um die Tür. Kann es sein?
Ja, ich spüre es genau.
Ich höre es an der leisen und sanften Stimme.
DAS ist mein Frauchen.
Ich sehe sie an und habe das Gefühl, sie schon ewig zu kennen.

Ach, was bin ich ihr dankbar und es ist so schön, sie endlich auch so zu spüren ...
Ich geh auf sie zu. Sie kniet sich ganz sachte zu mir nieder und reicht mir ihre Hände wie eine Schale.
Ich lege mein Köpfchen darauf, um ihr zu zeigen, dass ich mich an unsere Unterhaltung erinnere.
Ich mag sie. Ich mag sie sogar sehr. Sie ist so gut – ich fühle das. Ich sehe ihr in die Augen und spüre

ihr reines Herz das bereit ist, mir, der kleinen tapferen Pamé-Heldin aus Spanien, ihre ganze Liebe zu schenken.

Ihr schenke ich als Erstes mein Vertrauen.

Ich mag gar nicht mehr hier weg.

Ist es wirklich wahr, dass ich hier bleiben darf?
Frauchen spricht mit mir.
Das beruhigt mich so sehr, dass sie meine Worte verstehen kann.

Ich kann nicht anders, als ihr in die Augen zu blicken.
Ich kann so vieles darin erkennen und das erste Mal in meinem Leben spüre ich, dass alles wahrhaftig ist.

In ihren Händen schließe ich ergeben und in Demut meine Augen.

Ich fühle ein unendliches Vertrauen und eine Liebe, die so rein ist, wie ich sie noch nie in diesem Leben verspürt habe.
Wenn das, was ich hier meinen Zuhause-Himmel nenne, nun doch ein wirklicher Himmel ist, dann muss es wohl so sein, dass mein Frauchen wahrlich ein Engel ist.

Ich danke dem lieben Gott, dass er meine Träume und Wünsche erhört hat und mir eine Familie, ein Himmel-Zuhause und wundervolle Menschen-Engel geschickt hat ...

Nanu, was ist das?!
Ich spüre so ein Kribbeln um mein kleines Herzchen?
Es wird warm und plötzlich wird mir ganz wohlig ... das tut gut, ja, das tut so richtig gut.
Was ist das?
Frauchen spürt was mit mir gerade geschieht.
Mit ihrem warmen und herzlichen Blick sieht sie mir tief in die Augen und sagt: „Das, was du fühlst, ist das Glück.
Und nun schlaf, kleine Pamé.
Ruh dich aus.
Ich beschütze dich.
Alles wird gut! –
So fühlt sich also richtiges Glück an?!

Mein Menschen-Engel führt mich in ein riesiges Bett mit kuscheligen Decken. Ganz weich.
Eine Wolke?
Ich lege mich nieder. Ich vertraue.
Ich vertraue allen Menschen hier, die um mich sind.

Sie kniet sich wieder neben mich und streichelt mich wieder ganz zart und mit unendlich viel Liebe. Hör nicht auf. Bitte hör damit niemals auf ... ich schlafe ein und träume von meinem „Zuhause-Himmel". Ich bin mir jetzt absolut sicher in meinem Vertrauen und schließe die Augen.

Noch immer spüre ich die zarten, warmen Hände auf meinem Körper. Sie begleiten mich.
Sie geleiten mich in ein Land mit vielen bunten und schönen Träumen. Träume, die Menschen das Leben nennen.
Es ist mein Leben, meine Zukunft, von der ich hier träume.

Morgen Früh wache ich auf und weiß, dass dies der erste Tag in meinem Leben ist, in dem ich beginne, meine Träume auch zu leben ....

Wenn ich dann manchmal noch weine, wenn ihr gerade nicht in meiner Nähe seid, so nehmt es mir nicht übel ... es ist nur die Angst, aufzuwachen und festzustellen, dass alles doch nur ein Traum war...

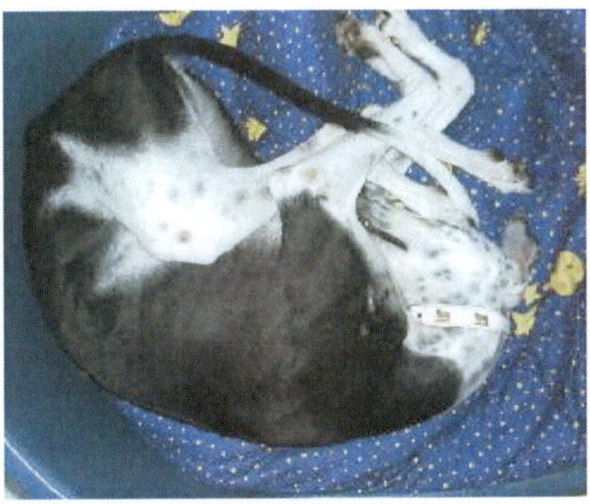

Pamé nach ihrer Ankunft in ihrem neuen Zuhause.

Diese Zeilen habe ich einen Tag nach Pamés Ankunft niedergeschrieben:

Unsere Pamé ist bis heute wie ein Traum.
Ein Hund voller Güte und Weisheit. In ihren Augen sehe ich Wahrheit, nichts als Wahrheit und die Bereitschaft, alles zu geben.
Die Bereitschaft, bedingungslos anzunehmen und Liebe zu geben.
Ich bin tief bewegt, was mir diese kleine und zarte Hündin für ein tiefes Vertrauen entgegenbringt.
Unsere erste Begegnung ist geprägt von Blicken.
Blicke zwischen Mensch und Hund, bis in die tiefsten Tiefen der eigenen Seele.
Was ich heute und die Tage erleben durfte, hat mein Leben verändert, geradezu geprägt.

Ich kann mit Pamé sprechen, kann sie halten und ihr Sicherheit schenken.

Ich habe das Gefühl mein Herz sprengt alle Grenzen, tut sich auf, weitet sich für neue, unbegrenzte Möglichkeiten.

Dabei wird Pamé an meiner Seite sein.
Ich fühle in ihr Vertraute, eine neue Lehrmeisterin und gütige Freundin.
Alles in einem.
Ich blicke zu ihrem Körbchen.
Ganz wohlig, ruhig und entspannt liegt sie da und träumt einen wahrlich wunderbaren Traum.

Ich sehe sie an und weiß, dass ein Engel seinen Weg nach Hause gefunden hat.
Pamé ist hier bei uns – zu Hause.
Herzlich willkommen, kleine Pamé – unsere Heldin und wundervoller Hunde-Engel aus Spanien ...
...danke, dass du mit uns dein Leben teilst.

In tiefer Dankbarkeit an alle Menschen, die dazu beigetragen haben, dass diese Verbindung möglich wurde.

Für unsere Familie ist Pamé – bis heute – ein echtes Glückhunderl und ein richtiger Segen!

Die Kontaktadresse der Organisation, die uns Pamé vermittelt hat, finden Sie am Ende des Buches!

Der Rattenkönig von Faistenhaar

Nachfolgendes Protokoll (ein Protokoll, so wie ich es für die meisten meiner Kunden fertige) darf ich – weitgehend im Original – mit freundlicher Genehmigung von Gaby und deren Tochter Steffi – zwischenzeitlich liebe Freunde meiner Familie – veröffentlichen.
Toulouse war eine alte, besonders liebenswürdige und struppige Ratte von Steffi.
Sie beauftragte mich mit dem Protokoll, da
1. Toulouse nicht mehr fressen wollte (immerhin war der kleine Rattenmann knapp 3 Jahre alt!) und
2. war kürzlich sein Freund und Partner verstorben.
So fand Steffi mit Toulouse ihr großes Glück erst auf die letzten seiner Tage ...

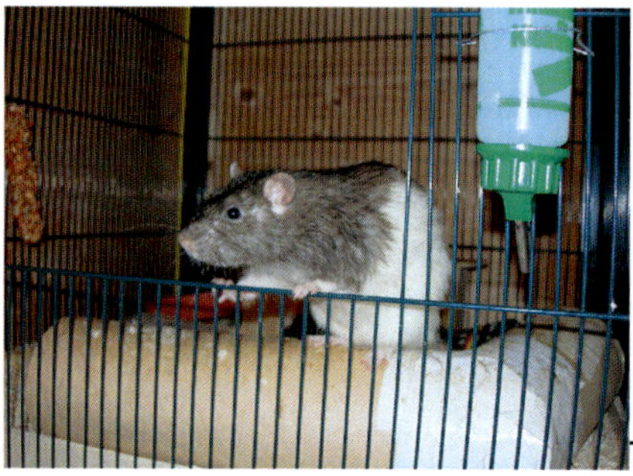
Toulouse

Eines meiner schönsten Verbindungsprotokolle:
Toulouse, 20.12.2007

Ich nehme Kontakt zu Toulouse auf.
Er ist sehr ruhig und gefasst.
Er strahlt Weisheit und unglaublich viel Ruhe aus.
Ich sehe viel Licht um ihn!
Er fühlt sich sehr entspannt an ...
Ich bitte ihn um dieses Gespräch.
Er nickt gütig mit seinem kleinen Rattenköpfchen und freut sich auf das Gespräch mit mir.

Heike:
Lieber Toulouse, dein Frauchen macht sich Sorgen und möchte gerne wissen, wieso du nicht mehr frisst.
Bist du traurig wegen deinem Freund, der kürzlich verstorben ist?

Toulouse:
Ach weißt du, in meinem Alter braucht man nicht mehr so viel zu fressen, ich bin zufrieden, dass ich so weit gekommen bin.
Alles rund um mich herum macht mich zufrieden und glücklich. Ich kann wohl sagen, dass ich auf ein glückliches Leben zurückblicken kann.
Ich werde geliebt und liebevoll umsorgt ...was wünscht sich eine Ratte denn mehr?

Und ja natürlich bin ich traurig, dass mein Freund gegangen ist.
Aber müssen wir das nicht alle einmal?
Das Sterben ist ein Prozess, der zum Leben einfach dazugehört.
Wir gehen ja nicht für immer.

Wir gehen auf eine neue, spannende Ebene des Seins. Es ist schön dort.
Ich freue mich immer und immer wieder, wenn ich nach Hause kommen darf.

Es ist nicht mein erstes Leben bei den Menschen. Doch so schön wie hier hatte ich es niemals zuvor.
Alles ist gut, wie es ist.
Mit geht es den Umständen entsprechend.
Es gibt nichts, was meine Menschen tun könnten, um mein Leben über die Zeit hinaus zu verlängern.
Macht euch keine Sorgen. Ich weiß, was kommt.
So lange ist es nicht wie für euch Menschen, bis wir wieder nach Hause zurückkehren dürfen ...

(Der kleine Rattenmann lächelt weise ... was für ein wunderbares Tier!)

Heike:
Dein Frauchen möchte gerne wissen, ob du dein Leben noch lebenswert findest?

Toulouse:
Ein Leben ist immer lebenswert!
Egal was kommt, egal was ist.
Das ist es doch, weshalb wir immer und immer wieder auf die Erde zurückkehren, oder?!
Ich bin wirklich sehr glücklich und zufrieden ... denkt nicht zuviel darüber nach. Verschwendet nicht die kostbare Zeit, die uns noch bleibt.
Schenkt Aufmerksamkeit und Liebe – das ist es, was zählt!!

Heike:
Dein Frauchen möchte wissen, warum du dein Futter mit der Medizin nicht frisst?

Toulouse:
(Er verzieht das Gesicht) – Es schmeckt einfach grauenhaft! Wie sollte ich so etwas mögen? Wir Ratten sind doch nicht dumm!! Meinst du, wir merken das nicht, wenn ihr uns etwas daruntermischt?
Und wie schon gesagt, es gibt nichts, was das Leben über die Zeit hinaus tatsächlich verlängern könnte – schon gar nicht diese rattenunwürdige Medizin. (Er betont wiederholt, dass Ratten normalerweise richtige, kleine Gourmets sind!) Da leb ich doch lieber so, wie ich es will. (Der kleine Rattenmann beginnt so richtig herzhaft und laut zu lachen!)

Heike: Was kann deine Familie tun, damit es dir besser geht?

Toulouse: Sie sollen einfach bei mir sein.
Mich weiterhin so liebevoll umsorgen, wie sie es eh schon tun. Sie wissen gar nicht, wie unendlich glücklich mich die Tatsache macht, mit dir sprechen zu dürfen. Es gibt noch so vieles, was ich gerne sagen möchte. Alles ist so wichtig, mitgeteilt zu werden. Darf ich nun das sagen, was mir auf dem Herzen liegt? Eine Botschaft, für meine Familie, meine allerbeste Freundin? (Ich bejahe und Toulouse legt mit sanfter Stimme los)

Meine liebe Familie,

ich danke euch von Herzen für eure Liebe und Zuneigung, die ihr mir habt zuteilwerden lassen.
Es war und ist bei euch einfach wunderbar!
Bitte, macht euch keine Sorgen!
Ich bin so dankbar für alles und doch freue ich mich wieder auf zu Hause.
Dort werde ich mich auf meine nächste Aufgabe vorbereiten.
Lasst mich in eurer Nähe sein, lasst mich sein, wie ich bin.
Auf keinen Fall möchte ich einen neuen Partner an meiner Seite. Es würde mich – bitte seid mir nicht böse – viel zu sehr anstrengen mit einem neuen, wohlmöglich jüngeren Gefährten Freundschaft zu schließen. Dafür reicht meine Zeit nicht mehr aus.
Ich weiß nicht, wie lange ich euch noch treu sein kann. Doch ihr wisst und spürt selbst, dass es nicht mehr allzu lange sein wird.
Deshalb lasst uns zusammen die gemeinsame, noch verbleibende Zeit so entspannt, friedlich und vertrauensvoll genießen und nutzen.

Rückt auch ihr wieder ein Stück weiter zusammen.
Nehmt mich in eure Mitte und vor allem in euer Herz.
Darin werd ich immer wohnen und somit für immer unsterblich sein. Vergesst mich bitte nicht!
Vertraut jetzt einfach mal auf mich, so wie ich stets auf euch vertraut habe ...

Da es mit großer Wahrscheinlichkeit zu keinem weiteren Gespräch mehr kommen wird, werde ich jetzt die Gelegenheit nutzen und noch einmal vielen Dank aus ganzem (kleinen) Herzen sagen.

Danke meine liebe Steffi, dass du mir sooo viel Liebe von dir geschenkt hast. Vertrau auf mich und weine nicht, wenn ich gehe.
Vielmehr freue dich mit mir, da du jetzt weißt, dass auch ich mich freue, wieder nach Hause gehen zu dürfen ...
Und du wirst sehen, wir alle sehen uns wieder ...

In tiefer Liebe und Verbundenheit!

Euer Toulouse

Anmerk.: Toulouse hat sich zur Verabschiedung ganz tief und elegant vor mir verneigt. In diesem Moment kam mir das Bild eines Rattenkönigs. Toulouse, der Rattenkönig – anmutig und würdevoll, der süße kleine Kerl!
An dieser Stelle musste ich das Protokoll tatsächlich beenden, da dieses Gespräch mein Herz auf eine ganz besonders intensive Art und Weise berührt hatte ...

Tessa – (m)ein ganz persönlicher Engel

Tessa war nicht nur „die" wichtigste Hündin in meinem Leben, sondern auch eine wertvolle Begleiterin – auch in der Praxis.
Tessa war eine wunderschöne Australian-Shepherd-Hündin mit unglaublich faszinierenden bernsteinfarbenen Augen.
Die Hündin fand im Jahr 2000 den Weg in unsere Familie. Sie war damals schon gut 10 Jahre alt und war eine Scheidungswaise.
Eigentlich wollte ich keinen so großen Hund (bisher hatte ich immer eher kleinere Hündchen oder „Ofenrohrputzer", wie mein Vater diese Hunde liebevoll nannte) – doch war es bei uns beiden Liebe auf den ersten Blick.
Für einen Außenstehenden ist das kaum nachzuvollziehen. Als Mensch vertrete ich immer die Einstellung: „Wenn's passt, dann soll's wohl so sein."
Tessi (wie ich sie immer liebevoll nannte) und ich waren von der ersten Sekunde an ein unzertrennliches Team.
Sie folgte aufs Wort und wich keinen Tag (was sag ich da, keine Minute) von meiner Seite.
Sie durchlebte mit mir viele Höhen und Tiefen des Lebens.
Von Anfang an, hatte Tessa an ihrem Bauch eine kleine Geschwulst, die von Jahr zu Jahr größer wurde.
Tierärzte lehnten es ab zu operieren, da es sich um etwas Gutartiges handelte – deswegen schenkten wir dieser Veränderung lange Zeit keinerlei Beachtung.

Eines Tages dann – es war vor ein paar Jahren – kam ich mit meinem letzten Patienten gegen 22:00 Uhr abends aus der Praxis. Der ganze Hausflur war voller Blut und meine Hündin lag mit einem verschämten Blick in ihrem Körbchen.
Ich verabschiedete schnell meinen besorgten Patienten (Tessa war bei all meinen Patienten sehr beliebt und der eine oder andere brachte auch immer ein besonderes Leckerli mit!) und beratschlagte mit meinem Mann.

Schnell suchte ich von einem ansässigen Tierarzt die Notfallnummer und wenige Minuten später war mein Mann bereits mit Tessa dorthin unterwegs. Ich selbst konnte leider nicht mitfahren, da unser Sohn bereits schlief und wir ihn nicht ganz alleine lassen wollten. So wartete ich zu Hause ab und bangte still vor mich hin.
Etwa eine halbe Stunde, nachdem mein Mann gefahren war, klingelte das Telefon.
Mein Mann war dran und fragte kurz und knapp, ob wir Tessa operieren oder lieber einschläfern lassen sollten.
„Einschläfern? Ja Himmel?!! Was ist denn das nun wieder", dachte ich so bei mir. „Mit einer solchen Entscheidung habe ich weder heute noch zu dieser Nachzeit gerechnet!"
(Erwähnen sollte ich noch, dass unsere Tessa zu diesem Zeitpunkt gut 17 Jahre alt war!)

Ich konnte und wollte diese Entscheidung nicht treffen. Weder jetzt noch zu irgendeiner Zeit. Kurzerhand gab mein Mann den Telefonhörer an mich weiter. Der Tierarzt klärte mich auf, dass Tessa bereits Wasser in der Lunge hätte, ihr Herz bereits sehr schwach war und sie so gut wie keine

Chance auf Überleben hätte. Er riet dringend zum Einschläfern, da seiner Meinung nach der Hund keinen Schuss Pulver mehr wert wäre.
– Was für einen Aussage, finden Sie nicht auch?

Ich bat um kurze Bedenkzeit und versprach, ihn in ein paar Minuten zurückzurufen.
Während ich grübelte und grübelte, wollte sich einfach keine Entscheidung finden lassen.
So schickte ich Reiki* in die Situation. Dabei kann es sein, dass ich die Zeit vergessen hatte.
Das Telefon schrillte erneut durch die Stille.
Leicht genervt wollte der Tierarzt nun meine Entscheidung wissen (mein Mann hat sich nicht getraut – Gott sei Dank – diese Entscheidung ohne mich zu treffen!).
Innerlich habe ich rotiert, war verzweifelt.
Dann wurde ich plötzlich ganz ruhig und fragte den Tierarzt ob Tessa denn Schmerzen hätte.
Er verneinte meine Frage und antwortete: „Wissen Sie was, das ist mir jetzt zu spät und zu blöd. Ich verbinde nun die Wunde und gebe die Hündin ihrem Mann wieder mit nach Hause.
Schlimmstenfalls fällt ihre Hündin – durch den weiteren Blutverlust – in einen komaartigen Schlaf.
Spätestens dann kann ich nichts mehr tun und wir müssen sie einschläfern ...!"
Mit diesen Worten legte er auf. Ich war erleichtert.
So einfach wollte ich meine Hündin nicht aufgeben, zumal ich mich nicht wirklich auf einen Abschied vorbereitet hatte.
Kurz darauf kam mein Mann nach Hause und legte Tessa behutsam in ihr Körbchen.
Nun begann meine Heilarbeit.
Vorsichtig legte ich ihr die Hände auf.

Immer wieder blickte sie mich mit ihren wunderbaren Augen dankbar an. Die Augen funkelten und leuchteten so wie immer. So sehen keine Augen aus, die bereit sind zu sterben!
Die ganze Nacht gab ich ihr Reiki ...
Am nächsten Tag war Tessa wach, aber immer noch vom Blutverlust geschwächt.
Dennoch machte sie Fortschritte.
Sie bewegte sich langsam, wollte sogar in den Garten und fraß ihre übliche Tagesportion.
Da musste ich nun dran bleiben. Kurzerhand sagte ich alle meine Praxistermine ab – meine Tessa stand nun an erster Stelle für mich!
Stunde für Stunde behandelte ich – Tessa ließ es vertrauensvoll geschehen.
Nachmittags dann löste mich mein Mann ab und ich setzte mich erschöpft auf die Couch.

Während ich so döste, hörte ich plötzlich die vertraute Stimme von Tessa, die sagte: „Du musst mich operieren lassen – alles wird gut!"
Ohne zu zögern oder darüber nachzudenken, sprang ich auf, informierte im Vorbeihuschen meinen Mann und wählte die Nummer des Tierarztes.

Der wiederum war von meiner Entscheidung nicht wirklich begeistert und klärte mich nochmals ausdrücklich und nachhaltig bezüglich der OP-Risiken auf. Er erwähnte es auch als Tatsache, dass diese Operation einen ordentlichen „Batzen" Geld verschlingen würde. Nachdem ich hartnäckig bei meiner Meinung blieb, ihm sagte, dass es mir egal wäre und selbst wenn Tessa danach nur noch sechs Wochen zu leben hätte, ich diese OP unbedingt haben möchte, willigte er

schließlich ein und gab mir für zwei Tage später einen Termin.
Wir setzten derweil gemeinsam unsere Heilarbeit bei Tessa ununterbrochen fort ... in jeder Sekunde gab uns Tessa zu verstehen, dass Sie weiterleben wollte.

Was würde ich geben, wenn ich Ihnen auch nur annähernd das Bild des Tierarztes vermitteln könnte, als wir zwei Tage später locker flockig die Praxis betraten. Tessa war gestärkt und tänzelte in freudiger Erwartung geradewegs in die Praxis.
Könnte man eine herunterfallende Kinnlade aufschlagen hören, wäre es wohl der Detonation einer Bombe gleichzusetzen.
Wortlos begutachtete er Tessa – den Mund immer noch offen stehend – hörte das Herz und auch die Lungen ab.
Das Ergebnis seiner Untersuchung war für mich das Ende eines bösen Traums (für ihn wohl eher beängstigend und niederschmetternd in Bezug auf seine Aussagen von vor ein paar Tagen ; o)).

Tessas Herz – so seine Aussage – könnte einem jungen Hund gehören, die Blutung sei gestoppt und in der Lunge könne er keine (Wasser-)Geräusche mehr hören.

Er wäre nun wohl bereit, den Hund zu operieren, da es sich so doch wohl „rentieren" würde.
Ich musste lachen! Er lächelte mich verschmitzt an und fragte, was ich denn mit dem Hund gemacht hätte ...
Ich lächelte leicht verlegen zurück und fragte, wie lange die die OP wohl dauern würde und wann ich meine Tessi wieder abholen könne ...

Ich verabschiedete mich nicht von Tessa sondern zwinkerte ihr aufmunternd zu – streichelte sie liebevoll, denn ich war mir sicher, dass wir uns in ein paar Stunden wiedersehen würden ...

Die Geschichte endete gut.
Die Operation verlief ohne die geringste Komplikation – ebenso wie die Heilung (selbstverständlich haben wir weiterhin fleißig Reiki gegeben).
Tessas Tumor war zwar gutartig, jedoch wucherte dieser in die Bauchhöhle und hatte beim Entfernen die Größe eines Basketballs.
Knapp zehn Tage später war Tessa gesundheitlich wieder vollkommen regeneriert.
Ich habe es niemals bereut, so gehandelt zu haben.
Mit Tessa war die Kommunikation so unkompliziert und immer präsent. Wir verstanden uns in der Tat auch ohne große Worte.
Ein Blick in unsere Augen genügte vollkommen.

In einem Punkt sollte ich unwissentlich dann doch noch recht behalten ...
Tessa verstarb auf den Tag genau sechs Wochen später.
Der Grund war nicht die Operationen, sondern ihr Alter.
Immerhin war sie inzwischen stolze 18 Jahre alt.

Mit dem Beginn von Tessas Krankheitsgeschichte war mir damals – trotz OP-Maßnahmen – klar, dass sich unsere gemeinsame Zeit dem Ende neigt.

Wir haben die Wochen nach der Operation sehr innig und intensiv miteinander verbracht, sodass ich sie letztendlich guten Gewissens habe gehen lassen können.
Das Loslassen geschah für uns beide sehr bewusst und ich war bis zuletzt an Ihrer Seite.
Mit dem Verlöschen des Leuchtens in ihren Augen, schlief Tessa am 22. Juli 2006 im stolzen Alter von 18 Jahren in meinen Armen friedlich ein ...

Ich vermisse meine Freundin noch heute und es pieksen hunderttausend kleine Nadelstiche in mein Herz, wenn ich an sie denke ...

Gut, dass ich weiß, dass das Ende erst der Anfang ist ...

Tessa – diese Aufnahme entstand kurz vor ihrem Tod.

*Reiki** ist eine japanische Form des natürlichen Heilens. In meiner Praxis praktiziere ich nun schon seit über 20 Jahren Reiki.
Hierzu ist bereits ein Buch von mir mit dem Titel „Reiki – nach alter Tradition" erschienen.

Falko – ein Freund für Pirko

Falko war der treue Pferde-Freund und Partner von Pirko. Falko erreichte ein biblisches Alter von 30 Jahren. Nachfolgende Botschaft sollte ich seiner geliebten Pirko nach seinem Tod übermitteln:

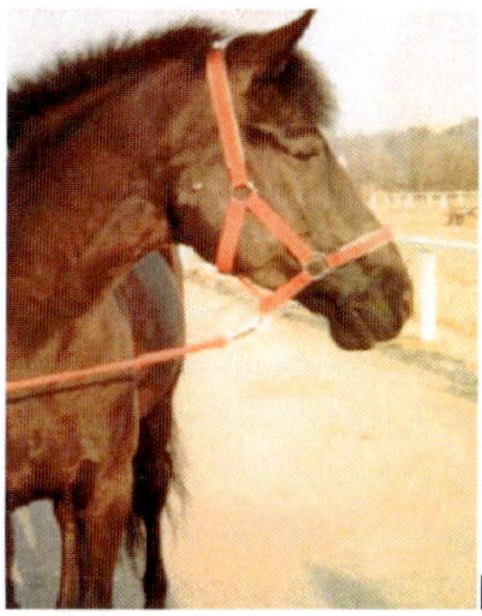

Falko

Falko – 04.09.2006

Meine liebste Pirko,

viele Jahre waren wir Seite an Seite und wurden so Freunde und Partner fürs Leben.
Jede noch so kleine Unartigkeit hast du mit gütigen Augen übersehen. Ich fühlte mich von dir geliebt und angenommen, so wie ich war.
Du warst mein „Leittier", meine Führung und ich, ich habe dir immer bedingungslos vertraut.
Nun lebe ich im Licht. Es ist ein warmes, sehr helles und heilenden Licht, in dem ich mich befinde. Viele treue Seelen sind um mich – ich kann sie sehen und auch spüren.

Wir alle vermissen euch ebenso wie ihr uns – jedoch befinden wir uns in dem Bewusstsein, dass dort, wo wir uns befinden, kein Ende ist, sondern der Anfang von einem neuen und wunderbaren Leben. Es geht mir gut.
Ich kann alles und noch viel mehr, was ich meiner Erdenzeit nicht mehr vollbringen konnte.
Alles ist hier möglich und noch viel mehr und keiner von euch Erdenmenschen ist je in der Lage, auch nur annähernd zu begreifen, wie viel Schönes auf euch am Ende eures Erdenlebens auf euch wartet.
Deine Zeit ist noch lange nicht gekommen. Du hast eine Aufgabe auf Erden und ich wünsche mir so sehr, dass du die Zeichen erkennen magst, die sich so deutlich vor deinen Augen zu erkennen geben. Ich bin dein Bote und ich sage dir, dass es Zeit ist, umzudenken. Neues steht für dich auf deinem Lebensplan.
Ich bin immer noch um dich und meine Aufgabe als dein Helfer ist größer denn je.
Aus diesem Grunde auch – denn ich bemerkte die Veränderungen, die auf die zukamen – bin ich gegangen. Denn nur von hier aus kann ich dir mehr Unterstützung und Liebe zuteilwerden lassen, als es mir in meinem Erdengewand je möglich gewesen wäre.
Ich bin deine Verbindung zum Himmel und zu den Wolken. Ich führe dich durch Visionen, wecke in dir Ideen und sende dir Eingebungen.
Ich werde dir beistehen, die Botschaften aus unserer Welt zu empfangen.
Nur meiner Pferdeseele ist es möglich, dir auf dem Weg durch deine Träume diese Zeichen zu übermitteln.

Mein Erscheinen will dir sagen: Es ist ein Aufbruch in etwas Neues.
Höre auf das, was ich dir sage und zeige. Das, was ich in deinen Träumen bin, ist ein Spiegelbild von dir. Bin ich verletzt oder geht es mir nicht gut, so überlege, was meine Botschaft an dich sein könnte bzw. was meine Botschaft mit dir zu tun hat. Dass du mich in deinen Träumen noch nicht erkennen kannst. liegt nur daran, dass du meine Botschaften noch nicht verstehst.
Nicht deine Ohren musst du öffnen, sondern dein Herz.
Erst dann wirst du wissen, was ich dir zu sagen habe und welche Botschaften ich dir überbringe.
Trauere nicht um mich, denn du hast nicht wirklich einen Freund verloren.
Denk daran, was ich Heike für dich übermittle, denn ich bin hier hergegangen aus Liebe zu dir und um stets um dich sein zu können. Von hier aus trennen uns keine Mauern und keine Türen.
Von hier aus sind unsere Herzen immer und allezeit miteinander eng verbunden.
Trauere nicht mehr, denn ich bin nicht wirklich weg. Ich bin hier – in deinem Herzen. Du kannst es fühlen und auch spüren.
Ich bin da!
Deine Liebe lässt mich ewig leben.
Dafür danke ich dir aus den tiefen meiner Seele.
Ich habe dich lieb und werde immer bei dir sein.
So lange du mich in deinem Herzen trägst, werde ich dir stets ein Freund, ein Botschafter und Führer sein.

In tiefer Liebe für meine Pirko!

Dein Falko

Elroy – Abschied vom besten Freund

Elroy war ein junger Dobermann.

Elroy starb viel zu früh (vermutlich ein Herzfehler) und er war der beste Freund und Begleiter von Jörg.

Auch dieses Protokoll ist/war ganz besonders, da dem Rüden am Anfang nicht bewusst war, dass er bereits gestorben war – als er das realisiert hatte, konnte er dennoch nicht gehen, da er bei seinem Herrchen noch eine Aufgabe erfüllen musste.

Das Protokoll mit Elroy war das längste meiner je gefertigten Gesprächsprotokolle, da ich vom Erstgespräch bis zum fertigen Protokoll (mit Unterbrechungen natürlich) ganz neun Monate gebraucht habe.

Das erste Gespräch (2006) mit Elroy beendete ich, da ich an einem Punkt angelangt war, an dem ich mich zum wiederholten Mal fragte, wie „tot" Elroy denn tatsächlich war.
Die Energie von Elroy hatte eine äußerst starke Präsenz!
Entweder Elroy war noch am Leben (was der Besitzer verneinte) oder der Hund war quasi noch erdgebunden und konnte/durfte/sollte noch nicht gehen ...

Diese Variante wäre eine Erklärung dafür gewesen, dass Elroy alles um ihn herum sehr merkwürdig fand, zumal er auf meine Fragen, wo er denn sei, immer die Antwort „Ich bin doch hier, immer noch hier!" gab.

Das zweite Protokoll – nachdem sich auch bei Herrchen Jörg einiges geklärt hatte – möchte ich hier aufführen – natürlich mit freundlicher Genehmigung. – Jörg ist ein ganz besonderer Mensch, der mir in den vergangenen Jahren ein treuer Freund und wertvoller Weggefährte geworden ist ...

Elroy

Diktat von Elroy an Jörg – 16.07.2007

Mein lieber und treuer Freund,

ganz langsam realisiere ich, was mit mir und dir geschehen ist.
Ich würde dir so gerne helfen und beistehen, doch deine Gedanken, dein Leben lässt es noch nicht zu, dass ich mich so entfalte, wie es für dich und mich wichtig wäre.
Versprechen werden gegeben, um wieder gebrochen zu werden. Du weißt, dass es mir nicht möglich war, länger an deiner Seite zu sein.
Zu wichtig wurde ich für dein Leben.
Aufzubrechen zu neuen Wegen und Möglichkeiten – alles und unbegrenzt und weit – so lange du es in Deinem Leben auch zulässt ...
Meine Aufgabe war, dir als Wegbegleiter, Freund und Partner zur Seite zu stehen.
Du hast viel mehr darin gesehen ...
Ich war sehr glücklich und zufrieden, doch ich war nicht der Partner, den du an deiner Seite gebraucht hättest. Zu viel hast du in mir gesehen ...

Nichts im Leben geschieht umsonst.
Auch dies (mein Tod) nicht.
Ich bin bei dir. An deiner Seite. Tag und Nacht. Ich warte darauf, dass du erwachst, aus deinem Leben, das immer noch nicht begonnen hat.
Ich würde so gerne zu dir zurückkehren, doch ich bin mir nicht sicher, ob du mich nun als Partner an deiner Seite akzeptieren würdest?

Wären deine Erwartungen die gleichen, so müsste ich immer und immer wieder gehen...

Ich wünsche mir so sehr, dass du endlich aufstehst – ein neuer Anfang für uns beide.
Tagtäglich liege ich neben dir. Bin dir treu an der Seite. Ich bin da. Merkst du das?

Ich warte nur auf ein Zeichen von dir, um gemeinsam mit dir neue und wundervolle Wege zu gehen ...

Ob ich glücklich bin?
Ich bin nicht im Licht, ich bin bei dir.

Eines musst du wissen: Um den Weg zu finden, musst du dich erst selbst finden.
Dann erst wird es dir möglich sein, einen Weg zurück in dein Leben zu finden.
Hilf mir, denn ich wünsche mir nichts mehr, als wieder einen festen Platz in deinem Leben zu haben.

Zeig mir, dass du es wert bist, dass ich viele Jahre an deiner Seite verweile. Als Freund, als Partner. Als Lehrmeister und Weiser mögen wir uns gegenseitig führen.

Lass uns beginnen ... ich warte doch so sehr darauf!
Vertraue dir – denn nur so kannst du auch mir vertrauen.
Ich brauche unsere Freundschaft ebenso wie du!

Nichts war und ist deine Schuld. Es war meine Entscheidung, die Hülle abzulegen.
Mach dir hierüber keine Sorgen, denn nicht ist von Dauer und nichts ist verloren.
Für alles gibt es ein immer wieder und wieder ...

Bist du bereit? Vertraust du mir?
Dann geh hinaus und finde, was auch immer du suchst ... alles wird zu dir zurückkehren ... auch ich ... wenn unsere Zeit gekommen ist!

Ich werde warten und da sein, wenn du soweit bist ... ich warte auf dich mein Freund – dies ist mein Versprechen!

Hier und heute und allezeit ...

Dein Freund Elroy

Ivy – im Licht

Die kleine, zarte Ivy verstarb viel zu früh.
Sie verweilte gerade mal vier Monate im Katzengewand auf unserer Erde.

Ivy wurde durch einen Unfall getötet, den die Besitzerin versehentlich verursacht hatte.
Frau S. machte sich bitterliche Vorwürfe und bat mich um ein Gespräch mit Ivy – vier Monate nach dem Unfalltod des Kätzchens.

Die Botschaften von Ivy haben nicht nur alle Beteiligten berührt, sondern auch mich.
Aber lesen Sie einfach selbst – die Seele von Ivy schenkt auch Ihnen liebe/r Leser/in ein Stück ihrer Weisheit ...

Ivy

Protokoll von Ivy – 10.12.2006

Als ich mit Ivy Kontakt aufnehme, fühlt sich alles sehr weich und kuschelig an.

Ivy schnurrt ganz laut und freut sich auf das Gespräch mit mir.

Ich fühle Glück und Zufriedenheit.

Ich kann gut durchatmen und ich fühle Freiheit.

Ivy lächelt und meint, sie wartet schon so lange auf mich ... sie freut sich, dass sie die Möglichkeit hat, vieles für sie Wichtige mitteilen zu können.

Heike: Liebe Ivy, dein Frauchen möchte wissen was zu diesem Unfall geführt hat und ob es einen tieferen Sinn dafür gibt, den dein Frauchen offensichtlich (noch) nicht versteht. War es aus deiner Sicht so bestimmt?

Ivy: Nichts im Leben geschieht umsonst. Vieles von dem, was ihr Menschen und auch wir Tiere tagtäglich erleben, ist von einem höheren Sinn geprägt und begleitet.
Nichts in unser aller Leben geschieht umsonst.
Das weißt du, und das weiß auch mein Frauchen.
Ihre Unachtsamkeit war es, die dazu geführt hat, dass das geschehen ist.
Und auch dies war so vorherbestimmt.
Der höhere Sinn, dem dies alles unterliegt, ist das Wahrhaftigsein.

Das Sein im Hier und Jetzt.

Wie oft ist mein Frauchen nicht bei sich – IN sich?!
Das Hier und Jetzt ist es, was zählt.
Nicht das Gestern und nicht das Morgen.
Zu viele Dinge bewegen sie.
Zu viele unwichtige Dinge beschäftigen ihr Leben und zu oft nimmt sie auch Anteil.
Dabei vergisst sie gerne sich selbst und ihre Lieben.
Stets möchte sie das Ziel erreichen bevor sie überhaupt beginnt, den Weg hierfür zu beschreiten.
Ihr Menschen müsst die Augen öffnen und euer Herz für die wirklich wichtigen Dinge im Leben!
Denkt in jeder Minute eures Lebens daran ...

Heike: Für Dein Frauchen ist es sehr schlimm, dir solche Schmerzen zugefügt zu haben. Das Loslassen fällt ihr so schwer ...

Ivy: Meinen Körper habe ich bereits vor meinem physischen Tod verlassen.
Das ist eine „Wahlmöglichkeit", die alle Lebewesen auf Erden haben.
Ich habe keinen Schmerz verspürt – ich fühlte die Liebe und das Licht, das mich empfangen hat.
Loslassen ist ein wichtiges Thema jedes Menschen.
Nichts, aber auch gar nichts könnt ihr festhalten.
Kein Tier, keinen Menschen – nicht einmal materielle Dinge, die ihr in die Hände nehmen könnt.
Und nichts gehört euch wirklich.
Festhalten ist eine Illusion, der jeder von euch unterliegt – mancher mehr, mancher weniger – doch immer wieder „fällt" ihr darauf herein.
Zu gerne hält auch mein Frauchen an Dingen fest, die bereits vergangen sind.

Dabei wäre die Fülle viel größer, würde Sie lernen, loszulassen.
Dann erst wenn ihr materielles Denken ablegt, würde euch bewusst werden, dass es nichts gibt, was ihr halten könnt – dafür aber die reine Erkenntnis bekommen, wie viel Wertvolles ihr in euren Händen und Herzen tragt ...
Spätestens jetzt wird mein liebes Frauchen begreifen, dass ich eine alte von Weisheit geprägte Seele in einem jungen, zarten Körper war ... auch hier soll sie begreifen, dass sie nichts festhalten kann.
Alles geht und vergeht zu seiner Zeit!

Heike: Dein Frauchen möchte wissen, wie du die Familie erlebt hast, deine Geschwister, deine Mamakatze? Ist das, was mit deiner Mama geschehen ist, von Bedeutung für dich?

Ivy: Nicht für mich, da unsere Seelen diese Bestimmung gewählt haben.
Unsere Seelen wussten um die Aufgabe auf Erden und bei diesen Menschen.
Vielmehr sollte mein Frauchen sich Gedanken machen, welch höherer Sinn sich für sie und ihre Familie dahinter verbirgt?
Immer wieder werdet ihr Menschen die gleichen Erlebnisse in eurem Leben finden – manchmal auf unterschiedliche Art und Weise – und doch vermittelt alles ein wichtiges Thema für Euch.
In meinem Zuhause wird vieles nicht ausgesprochen – Gefühle zu zeigen, fällt der Familie schwer.
Das wäre einer meiner Aufgaben gewesen.

Manchmal empfand ich vieles als wirr und chaotisch und doch fühlte ich mich angenommen und geliebt – gefangen und frei.
Und wieder sind wir bei eurem Thema: Wahrhaftigkeit.

Fragt euch:
Wer von euch ist wahrhaftig?!
Wer seid ihr wirklich?!

Seid ohr die Menschen, die ihr zu glauben scheint?!

Zeigt eure Liebe, euer Gefühl – zeigt, WER ihr seid!!

Heike: Dein Frauchen möchte wissen, wo du jetzt bist?

Ivy: (überlegt und schnurrt) ... Es ist ein Ort voller Liebe, Glückseligkeit und Freiheit.
Ich liebe meine Freiheit und bin von vielen lieben Seelen umgeben.
Es ist wunderbar hier – und doch bin ich auch bei ihnen.
Sie wissen es.
Zumindest mein Frauchen ... (Ivy lächelt).
Ich bin ihr manchmal näher, als sie weiß.
Oft halte ich mich da auf, wo ich zu Lebzeiten am glücklichsten war ...

Heike: Kann Dein Frauchen etwas für dich tun?

Ivy: Nein! Das braucht und kann sie nicht.
Mir wäre es lieber, sie würde sich mehr um sich kümmern.

Ihre Mitte finden und stark bleiben.
Was sie braucht, ist ihre Wahrhaftigkeit – ihre Mitte und ihr Vertrauen zu sich selbst!!
Alles Weitere wird sich finden ... für mich ist alles so gut, wie es ist.
Ich bin glücklich und zufrieden.

Heike: Wäre es richtig gewesen, wenn du vorher zu Christoph gekommen wärst?

Ivy: Wie ich schon sagte, alles im Leben ist vorherbestimmt.
Nichts ist geplant und kann vorausgesehen werden. Alles, wie es geschehen ist, war bestimmt. Genauso war es richtig.

Heike: Dein Frauchen möchte wissen, ob du Ihr verzeihen kannst?

Ivy: Was möchte mein Frauchen jetzt hören? Vergebung für das, was sie getan hat?
Das kann und werde ich nicht tun, denn das ist genau wiederum eine Aufgabe, die sie alleine „meistern" darf ...
Es ist für manchen Menschen eine Gnade zu erkennen und zu handeln.
Es liegt alles in ihrer Hand.
Es geht nicht darum, dass ICH ihr verzeihe ... es geht viel mehr darum, dass sie sich selbst vergibt und verzeiht!
Aus meiner Sicht gibt es nichts zu verzeihen.
Wie ich schon sagte, alles im Leben ist vorherbestimmt.
ICH habe mein Leben so gewählt – auch wenn es vielleicht aus menschlicher Sicht nicht wirklich verständlich klingt.

Doch ihr habt genauso die Möglichkeit zu wählen. Ihr bestimmt euer Leben, euer Schicksal selbst – ganz alleine – niemand sonst.
Deshalb „beschwert" euch nicht, denn ihr selbst habt es so gewählt ...!!
(Ivy lächelt sehr weise)

Ich bedanke mich sehr herzlich bei der kleinen Ivy und frage sie, ob sie ihrem Frauchen abschließend noch eine Botschaft übermitteln möchte.

Ivy: Für diesen einen Moment fühl du liebes Frauchen in dein Herz und du wirst die Liebe und Glückseligkeit (vielleicht verbunden mit Schmerz) fühlen, die auch ich empfinde ...

Danke, dass ich mein kurzes Leben mit dir teilen durfte.
Es geschieht alles für dein Leben und deine Liebe ... lerne zu leben, ohne festzuhalten, lerne lieben mit Freiheit im Herzen.
Pass gut auf meine Freunde auf und lerne ihnen zuzuhören, denn nur so kannst du mit dem Herzen begreifen.
Ihr Menschen hört nur mit dem Herzen gut und „wahrhaftig" ...

Anmerkung von mir an die Besitzerin:

Liebe Frau S.,

Sie durften mit einer erstaunlich alten und sehr weisen Seele ihr Leben teilen.
Erst dann, wenn Sie lernen alles, was ihnen Ivy vermittelt hat, umzusetzen, wird der Tag kommen, an dem sie sich wieder sehen und ein von Weisheit und Demut erfülltes (langes) Leben miteinander verbringen werden.
Geprägt von Liebe und Loslassen – vom Miteinander- und Aneinanderwachsen...
Freuen Sie sich auf Ihr Wiedersehen mit Ivy!

Herzlichst Ihre Heike-Maria Michalke

Ein paar Wochen nach dem Gespräch mit Ivy erhielt ich von Ivys Frauchen folgende Email:

Liebe Frau Michalke,

mit einiger Verspätung sage ich Ihnen auf diesem Wege nochmals großen Dank für Ihre Hilfe - bei der Suche nach unserem Kater, der jetzt wieder wohlbehalten zu Hause ist.

Aber vor allem für das Protokoll mit unserer jungen verstorbenen Katze Ivy.
Sie wissen, wie sehr mich das berührt hat, was Sie gechannelt haben.

In gewisser Weise haben die Wahrheiten, die Ivy übermittelt hat, mein Leben verändert!
Ich bin ruhiger und bewusster geworden, und vor allem meine Schuldgefühle kann ich besser loslassen.
Wie die kleine Katze unsere Familie geschildert hat - die Sie ja wirklich nicht kennen können! - war sehr eindringlich und doch liebevoll.
Wer so eine Katze hat, braucht keinen Meister mehr, dachte ich.
Und ich bin dankbar, dass Sie mir diese Weisheit zur rechten Zeit überbringen konnten!

Vielen Dank und gut, dass es Sie gibt.

Ihre K.S.

Abschließend kann ich nur sagen, Botschaften wie die von Ivy und Rückmeldungen wie von Frau S. sind der Grund, weshalb ich meine Arbeit mit den Tieren so liebe und schätze und jeden Tag dankbar für meine wundervollen Fähigkeiten bin!

Lady – ein (Hunde) Engel für Martina

Im nachfolgenden Protokoll haben mit Lady – einer schwarzen Cockerspaniel Hündin – zwei Gespräche stattgefunden.
Lady war knapp 16 Jahre alt und wurde am Ende ihrer Tage von ihren Leiden durch den Tierarzt erlöst.
Das nachstehende Gespräch entstand zirka ein halbes Jahr nach Ladys Gang über die Regenbogenbrücke.
Auch dieses Gespräch hat sowohl die Besitzerin als auch mich tief berührt und geprägt.
Jedes Protokoll ist einzigartig.
Ebenso wie das Tier, mit dem ich sprechen darf.
Es ist immer wie ein kleines Wunder ...

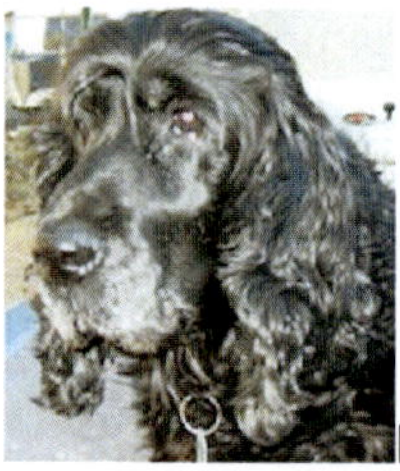
Lady

Protokoll mit Lady – 11.09.2006

Ich nehme Kontakt zu Lady auf und frage sie, ob sie mit mir sprechen möchte.
Ich verspüre eine große, unendliche tiefe und schwere Last.

Heike: Lady, welche Last ist dir so schwer?

Lady: Mein Frauchen. Die Trauer ist es.
Ich trage einen Teil ihrer Trauer in mir.
Sie hat mich so unendlich geliebt.
Und ich sie auch (Lady betont dies sehr!!)
Ich möchte so gerne gehen, sie weiß nicht, dass ich danach noch viel mehr für sie da sein kann.
Ihr mit meinem Gang ins Licht so viel näher bin als jetzt, wo alles so schwer ist.
Ich bin so unendlich traurig.
Ich kann keine Heilung finden, solange ich „so" hier bleiben muss.
Ein Teil von ihr würde mich ja gehen lassen, doch ICH kann sie nicht so „zurücklassen".
Ich will ihr beistehen – ihr einen Teil der Liebe, den sie mir zuteilwerden ließ auf diese Weise zurückgeben.
Doch alles lastet so unendlich schwer auf meiner Seele ...

Hier unterbreche ich das Gespräch mit Lady – natürlich nicht, ohne ihr zu sagen, dass ich wiederkomme und ihr verspreche, mit Frauchen über diese Last zu sprechen.
Lady freut sich am Ende doch noch und gibt mir ein „Es wird schon gut!" mit auf den Weg.

Ich maile mit Ladys Frauchen und erzähle ihr vom Erlebten. Frau S. macht daraufhin das Abschiedsritual, das ich in einem späteren Kapitel beschreibe, und ich nehme einen Tag danach erneut Kontakt mit Lady auf.

Lady empfängt mich gleich mit einer wunderschönen Botschaft:

Lady:
Eine Botschaft für das Herz meines geliebten Frauchens:

Alles ist hell. Alles ist Licht. Ich fühle mich jetzt leicht – unendlich leicht und frei!!
Es fiel dir sehr schwer, ich habe es gespürt, doch jetzt war dieser Augenblick, an dem ich dich zurücklassen konnte.
Und nicht wirklich ...

Jetzt bin ich hier – bei dir und ganz nah!
Zu jeder Zeit bin ich bei dir.
Und du weißt es, denn du kannst mich spüren ... ich hab dich so unendlich lieb und danke dir, dass du es mir leichter gemacht hast!
Du bist dir unsicher und weißt nicht, ob ich es bin, deren Nähe du spürst – ich merke das (Lady muss ein wenig lachen ...) DOCH GLAUBE ES BITTE – ich bin da!!

Du hast meine Seele freigegeben – ich spürte, wie schwer dir das fiel ... ich habe gesehen, gesehen, wie du mit deiner Seele, deiner Liebe zu mir gekämpft hast und ich wusste, es ist der Augeblick, in dem du mich in dieses wunderbare Licht hast gehen lassen.

Dafür bin ich dir jetzt noch näher – und das – für allezeit, so lange du es willst!

Heike: Kannst du die Entscheidung deines Frauchens, dich zu erlösen, verzeihen?

Lady: Mein geliebtes Frauchen, du wusstest um die körperlichen Schmerzen und es war deine Liebe zu mir, die mich erlöst hat.

Du hast es aus Liebe getan – wie könnte ich dir hier böse sein?

Alles, was du getan hast. geschah aus Liebe zu mir!
Dafür danke ich dir mit einem Segen, der nicht größer sein könnte ...

Heike: Dein Frauchen möchte wissen, ob du noch Schmerzen hast?

Lady: Die Schmerzen sind weg.
Es waren keine körperlichen Schmerzen, wie du vielleicht denkst.
Nein, es war meine Seele, die ebenso um dich geweint hat wie du um mich.
Jetzt ist alles Licht.
Ein helles Licht der Liebe.
Es ist so wunderschön ...

Heike: Hast du Leo kennengelernt?

Lady: Hier um mich herum sind viele liebevolle Seelen.
Alles ist noch neu und alle sind so gut zu mir.

Alles ist Liebe – eine reine, tiefe Liebe und nichts als Liebe und Heilung.
Und ich danke dir nochmals, dass du mich hierher hast gehen lassen ... Danke!!

Heike: Dein Frauchen möchte wissen, ob du bei ihr bist?

Lady: Du fragst, ob ich hier bin?
Ich bin und war immer bei dir.
Nicht nur in deinem Herzen.
Ich bin um dich herum, liege genau dort, wo ich immer so gerne lag.
Ich kann dich sehen und ich kann dich fühlen.
Trauere nicht mehr!
Es geht mir so gut!
Freu dich mit mir, denn der Kampf um den Schmerz hat ein Ende.
Meine Stärke habe ich dir zu verdanken.
Du warst ein Glück und ein Segen für mein Leben.
In den Zeiten, in denen du zur Ruhe kommst, bin ich dir besonders nah.
Schließe Deine Augen für einen Augenblick. Du kannst mich fühlen: Ich BIN da!

Heike: Denkst du manchmal an deine Hundeschwester Tina?

Lady: Da ich die ganze Zeit noch auf „dieser Ebene" um euch war, konnte ich oft beobachten, wie sehr meine Schwester unter deiner Trauer zu mir gelitten hat.
Schenk ihr die gleiche Liebe, die du mir zuteilwerden hast lassen.
Denk dabei an sie – nicht an mich.
Ich bin mir deiner Liebe sicher!

Heike: Vermisst du dein Frauchen ebenso sehr, wie sie dich vermisst?

Lady: Ich vermisse dich nicht, mein geliebtes Frauchen, denn ich kann dich ja sehen und bei dir sein.
Ich kann dich fühlen und ich stupse dich sogar manchmal an, lege meinen Kopf in deinen Schoß oder an deine Hand.
Du kannst es spüren, doch deine Zweifel machen dich blind.
Du kannst immer und allezeit mit mir „sprechen", denn ICH höre DICH.
Wenn du die Trauer in deinem Herzen um mich zu reiner Liebe machst, dein Herz öffnest, kannst du mich hören ...

Heike: Soll deine Hundeschwester Tina wieder einen Gefährten/Gefährtin bekommen oder lieber die letzten Lebensjahre alleine genießen dürfen?

Lady: Tina braucht deine Liebe und Nähe.
Solange du ihr keinen jungen Hund vor die Nase setzen wirst, wird sie mit deiner Entscheidung freudig einverstanden sein! (Lady zwinkert mir zu)

Heike: Dein Frauchen möchte wissen, ob sie dich wiedersieht?

Lady: Ihr Menschen glaubt nur das, was ihr glauben wollt!!
Wir Tiere und ihr Menschen – wir sind niemals wirklich getrennt.
Wir sind uns Hier und Jetzt vielleicht viel näher, als wir es jemals im Leben waren.

Die Herzen unserer Menschen verbinden sich hier mit unseren und werden eins.
Ihre Liebe ist es, die uns „leben" lässt.
Ihre Liebe macht uns glücklich, lässt uns heilen.
Die Trauer der Menschen macht uns ebenfalls traurig, denn wir können euch spüren.
Wir fühlen all eure Gedanken, eure Wut.
Eure Trauer – euer Glück.
Wir können alles mit euch teilen.
So werde ich ab heute nicht mehr den Schmerz, sondern die Liebe und das Glück mit dir, mein Frauchen, teilen! (Lady freut sich unendlich!!!)
Jetzt, wo du den letzten Schritt für mich getan hast – ich spürte wie schwer dir das fiel – habe ich dieses kleine Fünkchen von dir „Du darfst gehen" als Geschenk angenommen, da ich wusste, das ich dich „so" zurücklassen kann.
Und das, obwohl du ja bei mir bist!
Verstehst du, was ich meine und dir damit sagen will?
Deine Liebe zu mir und dass du nur das Beste für mich willst, war bei deinem Abschiedsritual für mich größer als deine Trauer um meinen Verlust.
Deine Liebe, meine Liebe hat uns gemeinsam wachsen lassen.
Wir sind uns nah.
Und ja, eines Tages werden wir uns (so wir ihr Menschen das meint) wieder „richtig sehen" ...
(Lady fügt noch an, dass das noch Zeit hat ;o))

Heike: Dein Frauchen möchte, dass du weißt, dass sie noch niemanden so geliebt hat wie dich ...

Lady: Ja, ich weiß es.
Ihre Liebe ist es und hat mich zu dem gemacht, was ich nun bin.
Ich bin kein Hund mehr.
Auch keine Seele wie die anderen Seelen um mich herum.
Durch deine Liebe wurde ich zu einem Engel.
Ein Engel ganz für dich alleine.

Meine Liebe ist unendlich und kennt keine weltlichen Grenzen mehr.

Kein Mensch vermag zu Lebzeiten je zu ermessen oder zu erahnen, was diese Liebe bedeutet, wie es sich anfühlt und was diese Liebe bewirken kann ...
Vertraue einfach auf dich!!
Und wenn du es nicht kannst (oder noch nicht kannst), dann werde ich dich lehren, dir zu vertrauen.
So vertraue in dieser neuen Zeit für unsere Verbundenheit auf mich und meiner Liebe zu dir.

Ich bin bei Dir – immer und allezeit ...

In tiefer Liebe, Verbundenheit und Freude umgeben von reinem Licht segne ich dich und alle Menschen die um dich sind!

Dein Engel Lady

Anmerk. Heike:

Als ich Frau S. um Zustimmung zur Veröffentlichung dieses Protokolls bat, bekam ich folgende Nachricht per E-Mail:

Liebe Heike,

wie schön, von dir zu hören!
Selbstverständlich kannst du das Protokoll von Lady veröffentlichen.
Du hast mir damit mehr geholfen als jeder andere Mensch in meinem Leben, dafür werde ich dir immer dankbar sein.

Ich bin wirklich schon sehr gespannt auf dein Buch, es muss gut sein, denn du bist einfach ein ganz besonderer Mensch.
Ich überlege schon seit geraumer Zeit, mich wieder an dich zu wenden, um ein erneutes Gespräch mit meiner Maus (Lady) zu bitten.
Sie ist so fest in meinem Herzen und sie zeigt sich mir immer wieder, was mich sehr, sehr glücklich macht.
Ich freue mich zu hören, dass dein Gespräch mit meinem Herz Lady auch andere Menschen anspricht.

Das Protokoll trage ich immer bei mir, es gibt mir in manch schwierigen Situationen Kraft ...

Liebe Heike, ich bin sehr froh, dass es so besondere Menschen wie dich gibt!

Ganz liebe Grüße von Martina

Anmerk. Heike:

Auch ich bin dankbar für Menschen wie Martina, da ich mit ihren wundervollen Tieren in Kontakt treten darf.
Das Gespräch mit Lady war auch für mich äußerst bewegend und die kleine Lady hat mein Leben nachhaltig sehr positiv beeinflusst.
Auch ich musste ja schon Tiere gehen lassen und ich weiß, wie schwer das uns Menschen immer fällt …

Danke an euch beide, dass es EUCH in meinem Leben gibt!

Eine wahre Geschichte ...?!

Zum Abschluss an die Protokolle, möchte ich Ihnen die unglaubliche Geschichte von meiner Hündin Nelly und mir erzählen.
Bilden Sie sich am Ende einfach selbst Ihre Meinung oder lassen Sie Ihr Herz entscheiden ...

Begonnen hat alles sehr traurig im vergangenen Dezember – kurz vor Weihnachten ...
Plötzlich und unerwartet starb unsere Hündin Nelly am 8. Dezember 2008.
Ihr Herz hört mit gerade einmal 4,5 Jahren einfach auf zu schlagen.
In der Humanmedizin würden wir sagen, es war ein plötzlicher Herztod.
Unfassbar für mich und meine Familie.
Unsere Tiere sind Familienmitglieder und wenn eines geht, ist das für uns alle immer ein richtiges Drama.
Manchmal wissen wir darum, dass ein Tier nicht mehr lange zu leben hat – so wie im Falle unserer Tessa.
Doch es gibt auch Fälle wie der von Nelly.
Hier hat keiner von uns damit gerechnet, dass die junge Hundedame sterben würde ...

Als ich abends zum Feierabend das letzte Mal mit den Hunden in den Garten ging, trug ich Nelly auf dem Arm und ließ sie wie gewohnt auf der Terrasse aus meinem Arm springen.
Diesmal schlug ihr Körper ja geradezu hart auf dem Steinboden auf.
Nelly blieb regungslos liegen.

Die Situation ist schwer zu beschreiben, da ich nur sehr langsam begann, die Situation einzuschätzen.
Ich rief ihren Namen, schüttelte und rüttelte meine Hündin – doch sie blieb regungslos.
Ich weiß nicht, wie viel Zeit vergangen war, in der ich unaufhörlich ihren Namen rief.
Ganz plötzlich öffnete die Hündin ihre Augen, sah mich an, wedelte freudig mit dem Schwanz und starb.
Mein Körper war starr, und ich war über das, was soeben geschehen war, nur noch fassungslos.
In meiner Verzweiflung rief ich meinen Mann bei der Arbeit an und schrie förmlich ins Telefon, dass „jemand" gestorben war – danach meine Mutter und meinen Bruder, die wenige Minuten später bei uns eintrafen.
Herzmassage und Mund-zu-Mund-Beatmung folgten – ohne dass Nelly nochmals zurückkam.
Sie war tot. Ihr Körper reglos auf unserem Wohnzimmerboden.
Und ich wollte das nicht wahrhaben.
Das kann doch nicht sein?

Meinem Mann verbot ich später, die Hündin zu begraben.
An diesem Abend war ich noch der Überzeugung, dass alles nur ein böser Traum sei und meine Nelly am nächsten Tag Schwanz wedelnd vor unserer Haustüre stehen würde ...

Am nächsten Tag haben wir Nelly würdevoll in unserem Garten beigesetzt.
Nelly war tot.
Das begriff ich zwar, doch es war so schwer ...

Natürlich habe ich mir Vorwürfe gemacht.
Zum einen weil ich in Gedanken Nelly noch kurz vor ihrem Tod „beschimpft“ hatte, weil sie während meiner letzten Sitzung in der Praxis (Hypnosesitzung) zu bellen begann und zum anderen glaubte ich anfangs noch, ich hätte den Hund fallen lassen und ihr dabei versehentlich das Genick gebrochen ... tausend Möglichkeiten und der Schuld gingen durch meinen Kopf.
Alles war so fremd – alles kam mir so unwirklich und unrealistisch vor.

Mein Bruder Armin (er ist Rettungsassistent) – ihm vertraue ich blind – untersuchte Nelly, nachdem alle Wiederbelebungsversuche erfolglos blieben und konnte nichts „Gebrochenes“ feststellen – sowohl die Wirbelsäule als auch das Genick waren absolut intakt.

Nur zwei Tage später meldet sich eine ehemalige Tierkommunikationsschülerin von mir mit einer Nachricht von Nelly.
Sie war selbst sehr verwirrt, da sie mit den Inhalten der Botschaft nichts anfangen konnte.

Betonen möchte ich hier ausdrücklich, dass zu diesem Zeitpunkt nur meine Familie wusste, dass und vor allem WIE unsere Nelly verstorben war!

Während des Lesens fiel mir dann noch ein, dass ich wenige Wochen zuvor mit Nelly einen kleinen „Smalltalk“ hielt und ihr lächelnd sagte:

„Du kleine, haarige Hexe. In deinem nächsten Leben wirst du einfach auch ein Pudel, dann darfst du auch mal mit in unser Bett ...“

Tatsache ist, dass die Kavalier King Charles Spaniel – so wunderschön und liebevoll diese Rasse auch ist – unglaubliche Mengen an Haaren verlieren und dies der Grund war, weshalb wir Nelly einen Schlafplatz in unserem Bett verwährten. :o)

Aber nun zu Nellys Botschaft – lesen Sie selbst:

Protokoll von Nelly – 10.12.08

Meine liebe Heike,

bitte sei nicht traurig.
Was geschehen ist, war nicht deine Schuld.
Ich bin nicht durch, sondern in deiner Hand gestorben.

Als mein Körper den Boden berührte, hat mein kleines Herz bereits aufgehört zu schlagen ... Deine Bitten jedoch wurden erhört und ich kam kurz zurück, um dir mit meinem Blick und meinem Schwanzwedeln „Auf Wiedersehen!" zu sagen und dir damit zu danken.

Du sollst nicht böse sein auf mich und auch nicht auf dich.

Das hast du in deiner Situation (dein Ärger auf mich wegen des Bellens) leider verkannt.
Mein Bellen hat dich zum Abschiednehmen gerufen.
Es war meine Entscheidung zu gehen.

Es ist für uns zu früh, doch möchte ich mit dir all das nachholen.

Ich werde als dein Liebling wiederkommen, damit wir die Freude und die Liebe teilen können, die uns vorherbestimmt war.

Es war nicht die große Liebe zwischen uns, dass wissen wir beide, doch unsere Liebe war da und wird nun wiedergeboren werden.

Du wirst in den nächsten Tagen einen Hinweis bekommen und ich hoffe, dass wir beide dadurch einen Neustart in unendlicher Liebe und Zuneigung beginnen können.

Vielleicht kannst du uns dann vergeben ...

Ich wünsche es dir und mir von Herzen!

Ich liebe dich unendlich ... deine Nelly!

Nach diesem Bericht, war ich erstmal so richtig sprachlos.

Damit hatte ich nicht gerechnet – vor allem auch nicht so schnell.

Tja, was soll ich sagen – wie das Schicksal es wollte, fügte sich Schlag auf Schlag eines zum anderen ...

Am nächsten Tag, abends, bittet mich meine Mutter, den Hund einer Bekannten in Pflege zu nehmen, da diese schwer gestürzt war und mit einem Oberschenkelhalsbruch im Krankenhaus lag. Keine Verwandten, die den Hund nehmen könnten – die Alternative bedeutete Tierheim!
Da wir ja quasi einen Platz frei hatten, haben wir natürlich sofort zugesagt, um dem Hund einen kalten Platz im Tierheim zu ersparen.
Noch dazu stand Weihnachten vor der Türe ...
So beschlossen wir den Hund in unsere Familie als Pflegehund ab 12.12.08 über Weihnachten und die Feiertage aufzunehmen.

Am nächsten Tag war sie dann da:
eine hübsche, schokobraune Pudeldame (ähnlicher Farbton wie unsere Nelly).
Und nicht nur das: Die Hündin hieß Nelly, hatte am selben Tag wie unsere Nelly Geburtstag (derselbe Tag und dasselbe Jahr!!!) – spazierte hier rein und fühlte sich wie zu Hause.
Was glauben Sie, wie sprachlos wir alle waren?

Also ich habe gut und gerne – ohne zu übertreiben – rund 30 Jahre Hundeerfahrung, aber so etwas hatte ich noch nie erlebt!!
Von der ersten Sekunde an klebte die Hündin regelrecht an mir und ließ mich nicht mehr aus den Augen. Eingewöhnen? Trauern?
Nein, keine Spur von nichts.
Einfach nur zu Hause – findet sich ab der ersten Sekunde in unserem Haus zurecht, folgt aufs Wort und versteht jedes Wort.

Was sagt man da??

Mit unseren anderen Hunden hat es von der ersten Sekunde an keine Probleme gegeben. Pudel-Nelly hat sich zurechtgefunden in ALLEN Bereichen ... Sollte das Tierkommunikationsprotokoll recht behalten?!

Na, der Hund war ja nur zur Pflege, hatte ein liebes Frauchen, die IHRE Nelly auch wieder zurückhaben möchte ... wir warteten also ab ... so recht glauben konnten wir das Ganze nicht wirklich - doch selbst mein Mann, der diesen Dingen gegenüber sehr skeptisch ist, konnte nicht umhin und meinte, dass ihm diese Hündin mehr als "unheimlich" vorkommen würde.

Wer von Ihnen einen Hund hat oder zumindest das Verhalten von Hunden kennt, weiß, dass ein Hund normalerweise eine Eingewöhnungszeit braucht und auch meist trauert ... So verstanden wir also ALLE nicht, wieso ein fremder Hund, der uns noch nie zuvor gesehen hatte, sich hier einfach so zu Hause fühlte ...

Am 27.12.2008 folgte dann der endgültige Hammer: Wir fielen aus allen Wolken als wir gefragt wurden, ob wir Nelly behalten möchten? Nelly sollte bei uns bleiben, weil Frauchen nicht mehr konnte. Nellys Frauchen kam vom Krankenhaus ins Pflegeheim ... Was war das für eine Frage? Natürlich wollten wir!!!

Der Hund war hier zu Hause und wir hatte die braune Schokolady (mein Sohn nennt sie liebevoll "Hupfnudel", da sie uns immer in die Arme springt) doch schon alle in unser Herz geschlossen!

Als ich unserer Pudel-Nelly „erzählte", dass sie bleiben darf, zwinkerte mich der Hund an, schmiegte sich an mich, als ob sie gewusst hätte, dass sie hier nie wieder weg muss und schlief selig und ganz entspannt an meiner Seite ein ...

Es gibt zwischen Himmel und Erde Dinge, die man sich nicht erklären kann – nicht erklären muss.

Tatsache ist: Schaue ich diesem Hund in die Augen, habe ich das Gefühl, ich kenne Pudel-Nelly schon ewig (auch wenn der Körper ein anderer ist).

Zu-fall??

Nein, an so viele Zufälle auf einmal glaube ich schon lange nicht mehr ... :o)

Pudel-Nelly – was für ein Blick ...

Kapitel 11
Wenn unsere Tiere sterben ...

Wie der kleine Rattenkönig so schön formulierte:
Das Sterben gehört zum Leben dazu.
Als Mensch und Verleugnungskünstler wollen wir uns mit diesem Thema nicht besonders gerne auseinandersetzen.
Umso härter trifft uns der Tod, wenn er plötzlich und unerwartet vor unserer Türe steht ...

Trotz allen Wissens, trotz aller Möglichkeiten der Tierkommunikation ist es stets ein unbeschreiblicher Schmerz und eine tief greifende Erfahrung, wenn uns ein geliebtes Tier verlässt und über die Regenbogenbrücke geht.
Da nehme ich mich nicht aus. Meist ziehe ich mich für einige Tage komplett zurück und lebe meine Trauer. Ein wichtiger Prozess!

Danken Sie Ihrem Wegbegleiter und Partner für die wundervolle Zeit, die Sie miteinander verbringen durften.

Meiner Hündin Tessa und mir wurden zum Verabschieden noch ganze sechs Wochen geschenkt, die wir beide sehr intensiv und ausgiebig genutzt haben.

Erst am letzten Tag erlosch das Leuchten in ihren Augen und in diesem Moment war mir klar, dass es Zeit war für sie zu gehen ...

Der Abschied war gekommen.

Ich bin wahrlich keine Führsprecherin für voreilige Sterbehilfe beim Tier und dennoch sehe ich als eine Art Verpflichtung an, im richtigen Moment die richtige Entscheidung zugunsten Ihres Tieres zu treffen.

Normalerweise hasse ich grundsätzlich nicht. Dieses Wort findet sich eigentlich nicht in meinem Wortschatz.
Jedoch hasse ich es sogar sehr, wenn ich Gott spielen und eine Entscheidung über Leben und Tod für ein Tier treffen soll.

Im Laufe der Jahre habe ich gelernt, auf die Zeichen und Botschaften der Tiere auch außerhalb der Tierkommunikation zu achten.
Tiere zeigen sehr deutlich, wann es Zeit ist zu gehen.
Ein typisches Zeichen hierfür ist, wenn das Leuchten und Funkeln der Augen ganz trüb und matt wird.

Das ist ein erstes Zeichen dafür, dass die Seele bereit ist, sich vom Körper zu trennen. In manchen Fällen beginnt das Ablösen vom Körper bereits in diesem Augenblick.

Nehmen Sie sich Zeit und verabschieden Sie sich in aller Ruhe von Ihrem Tier.
Falls Ihnen keine Zeit zum Verabschieden bleibt, weil Sie Ihr Tier z.B. durch einen Unfall verloren haben, können Sie dies auch wie folgt nachholen.

Dieses Trauerritual eignet sich auch hervorragend für Kinder aller Altersgruppen.

Abschiedsritual

Schaffen Sie sich zuerst eine ruhige und sanfte Stimmung.
Gedämpftes Licht und gute Düfte helfen Ihnen beim Entspannen.
Stellen Sie vor sich ein Bild Ihres geliebten Tieres.
Versuchen Sie nun, in die Stille zu gehen und Ihr Herz für Ihr Tier zu öffnen.
Schließen Sie hierzu Ihre Augen!
Das Bild Ihres Tieres tragen Sie im Herzen.
Nun stellen Sie sich Ihr Tier vor, wie es glücklich und ohne irgendwelche Beschwerden über eine grüne Wiese tollt.
Ihr Tier hüpft und springt und zeigt so seinen Übermut, seine Lebensfreude.
Beobachten Sie diese Szene so lange Sie möchten in der Stille mit geschlossenen Augen.
Wenn Tränen kullern, lassen Sie dies bitte zu.
Es ist ein wichtiger Teil des Trauerprozesses!

Wenn Sie bereit sind, Ihren Liebling gehen zu lassen, stellen Sie sich um Ihren Liebling bitte nun ein helles und leuchtendes Licht vor.
Lassen Sie Ihr Tier nun ganz sanft in dieses Licht hineingleiten.

Falls Sie bereits schon verstorbene Tiere oder auch liebe Menschen auf der „anderen Seite“ haben, können Sie in Gedanken diese darum bitten, Ihr Tier in Empfang zu nehmen.

Bei uns ist es mein Papa Peter, der unsere Tiere „drüben“ empfängt.
Er lächelt dabei immer ganz sanft und es gibt mir ein inneres Gefühl der Ruhe.

So weiß ich, dass es meinen Lieblingen dort drüben gut geht und sie von Menschen bzw. anderen Tieren empfangen werden, die sie bereits zu Lebzeiten gekannt hatten.

Ferner ist es immer ein schönes Ritual, das mein Herz aufs Tiefste berührt, wenn ich sehe, dass dieser mir wichtige Mensch und mein wundervolles Tier in diesem göttlichen, hellen Licht gemeinsam verschmelzen ...

Für den Fall, dass Ihnen dieser Teil des „Loslassens" noch zu früh erscheint, können Sie das Ritual so oft und beliebig lange wiederholen, bis Sie sich bereit dazu fühlen, Ihren Liebling ins Licht zu schicken.

Vergessen Sie bei all Ihrer schmerzlichen Trauer folgende Punkte nicht:

- Manchmal muss man etwas loslassen, damit es zu einem zurückkehren kann – Tiere, die wieder inkarnieren möchten, um in die Familie zurückzukehren, müssen zuerst ins Licht gehen.

- Alle unsere Tiere sind unsterblich, denn sie leben nach ihrem Tod in unseren Herzen für immer weiter ...

- Irgendwann sehen wir uns alle wieder ...

Diese kurze Geschichte habe ich vor einigen Monaten in einer Zeitschrift gefunden.
Da der Autor unbekannt ist, gebe ich die Geschichte mit meinen eigenen Worten wieder.

"Eines Tages kam ich an einem Tierheim vorbei.
Ich wusste nicht wieso, doch ich musste einfach dort hineingehen.

Mir wurde ganz bang ums Herz, als ich in die ganzen traurigen Augen der Tiere blickte ...

Da sagte ich zum Herrn:
"Lieber Gott, warum hast du weggesehen?
Wieso hast du nichts unternommen?
Siehst du nicht, wie sehr diese Tiere leiden – ohne Liebe und ohne Zuwendung?

Da antwortete der Herr:
"Mein liebes Kind, ich habe nicht weggesehen, ich habe etwas getan.
Ich habe dich geschaffen ..."

Kapitel 12
Über die Autorin

Die Autorin Heike-Maria Michalke lebt mit ihrer Familie (und ihren Tieren) nach buddhistischen Philosophien am ruhigen Stadtrand von Ingolstadt/Donau und arbeitet seit vielen Jahren erfolgreich als Heilpraktikerin (Psychotherapie) in eigener Praxis.

Ihr Praxisschwerpunkt liegt im Bereich systemischer Therapie, Hypnose, Reiki und natürlich der Tierkommunikation.
Seit Kindheit an hochsensitiv (HSP) und bereits in jungen Jahren zum sensitiven Medium ausgebildet.

Als erfahrene Ausbilderin hält sie regelmäßige Aus- und Weiterbildungen, Workshops rund um die Tierkommunikation, psychologische Themen und Heilpraktiker (Schwerpunkt Psychologie und Psychotherapie).
Ferner arbeitetet sie freiberuflich als Dozentin u. a. für Tierkommunikation für div. Heilpraktikerschulen in Deutschland.

Für 2010 sind sowohl neue Seminare in Planung als auch eine Erweiterung der Praxis.
Ihr erstes, deutsches Buch „Reiki – nach alter Tradition" ist bereits in 2009 erschienen, so erfüllt sie sich mit diesem zweiten Buch einen weiteren Herzenswunsch.
Ein drittes Buch wird 2010 über einen bekannten Verlag veröffentlicht.

Kontakt

Die Autorin freut sich über Rückmeldungen, Feedback und auch Kritik zum Thema Tierkommunikation.
Ferner ist es auch möglich über die Autorin, eine Ausbildung in Tierkommunikation oder individuelle Supervision in Tierkommunikation zu buchen.
Alle angebotenen Kurse werden von der Autorin persönlich geleitet.

Für weitere Informationen besuchen Sie bitte die Tierkommunikations-Homepage der Autorin unter

www.asanga.de

oder

www.praxis-michalke.de

Neue Projekte werden Ende 2009 unter **www.osantius.de** veröffentlicht.

Wenn Sie einen persönlichen Kontakt vorziehen, schreiben Sie bitte an:

Heike-Maria Michalke
Am Gangsteig 16 a
85051 Ingolstadt
Tel. 0841-379 888 7

oder senden Sie der Autorin unter **info-asanga@arcor.de** eine Email.

Weitere Infos

Da ich/wir gerne seriöse Tierhilfen oder -heime unterstützen, möchten wir an dieser Stelle einige Vermittlungsagenturen, Tierheime und dergleichen vorstellen, mit denen wir sehr gute Erfahrungen gemacht habe.
Geben Sie Ihrem Herz einen Ruck und schenken Sie einem bedürftigen Tier ein gutes und warmes Zuhause!
Aus eigener Erfahrung kann ich sagen: „Wenn Sie ein wenig Liebe und Geduld mit diesen armen Geschöpfen haben, kommt die Liebe tausendfach zu Ihnen zurück!"

Falls Sie eine Organisation leiten und Hilfe benötigen, werden wir Ihre Adresse gerne bei der nächsten Auflage dieses Buches berücksichtigen! Schreiben Sie uns hierzu einfach eine Mail.

Pamé wurde uns über die Organisation **www.alterhundnaund.de** vermittelt.
Diese Tierhilfe befindet sich in Spanien und vermittelt Hunde und Katzen nach Deutschland. Frau Giessler, die Leiterin der Tiernothilfe in Spanien, freut sich auch ganz besonders über Sach- und Geldspenden, Decken, Körbchen, Halsbänder, Leinen und Flugtransportboxen, mit denen die Tiere nach Deutschland kommen.

PS. Hier können Sie auch – für den Fall, dass Sie selbst kein Tier halten dürfen – Tierpate werden!

Unsere Tessa kam über die Tierhilfe Kelheim **www.tierhilfe-kelheim.de** zu uns.
Auch dieser Verein ist dringend auf Spenden angewiesen und freut sich über Sach-, Futter- und Geldspenden!

www.cavaliere-in-not.de – dies ist eine Privatseite von Gaby Schiller. Hier suchen auch immer mal wieder (hauptsächlich Kavalier King Charles Spaniel) ein neues Zuhause – zeitgleich ein sehr nettes und freundliches Beisammen im Forum.
Über diese Seite haben wir unsere erste Nelly gefunden!

Falls Sie in den nächsten Ferien in einem europäischen Land Ihren Urlaub verbringen, tun Sie doch ein gutes Werk und werden Sie Flugpate. Flugpaten nehmen (Ihnen entstehen weder große Umstände noch Kosten!) bereits vermittelte Hunde und/oder Katzen mit nach Deutschland. Alle Papiere werden Ihnen zum Abflug übergeben (wir haben meist hier schon von Deutschland aus Boxen mit nach Spanien genommen!) und Sie müssen nur das Tier mit/in der Box ein- bzw. wieder auschecken.
Es ist wirklich ganz mühelos und Sie tun damit ein richtig gutes Werk. Auch unsere Pamé kam damals über Flugpaten aus Spanien zu uns nach Deutschland.

www.flugpaten.de

www.zergportal.de – ein Vermittlungsportal für Tiere aller Art, Rasse und Herkunft.
Sehr schön und übersichtlich gestaltet für Ihre Suche nach Rassehunden, Mischlingen, kleinen oder großen Hunden, alten oder Handicap-Tieren. Inmitten dieser riesigen Auswahl haben wir das Foto unserer Pamé entdeckt und die ersten Kontakte mit Spanien geknüpft.

Auch eine schöne Seite ist der

www.hundehimmel.org

hier haben einige unserer Tiere einen virtuellen Grabplatz bekommen.

Alle unsere weiteren Tiere sind hauptsächlich Notfalltiere und wurden uns privat vermittelt.

Mailen Sie uns, falls Sie an einem Eintrag in diesem Buch interessiert sind. Alle Einträge sind selbstverständlich kostenlos.
Wir behalten uns jedoch die Entscheidung, welchen Eintrag wir veröffentlichen, vor.

Vielen Dank für Ihr Verständnis!

Danksagung

Ein ganz besonderer Dank geht natürlich wieder an meine Familie, die es zum wiederholten Mal sehr geduldig ertragen hat, dass ich meine gesamte Freizeit mit dem Schreiben dieses Buches verbracht habe.

Ein weiterer Dank geht an alle Tiere, mit denen ich kommunizieren durfte – mit Hilfe eurer Inspiration ist dieses Buch letztlich auch entstanden.
Ihr seid ein Segen für uns Menschen.

Ein Dankeschön an alle freundlichen Tierbesitzer, die es mir gestattet haben, die schönsten Tierprotokolle hier zu veröffentlichen.

Danke an all die wunderbaren Menschen, die mein Buch bereits gelesen haben und weiterempfehlen.

Alle diejenigen bitte ich gleichzeitig auch um Verzeihung, dass sich in der ersten Auflage trotz all der modernen Technik der eine oder andere Schreibfehler eingeschlichen hat, der vor dem Druck leider nicht bemerkt wurde.

Das aktuelle Buch, das Sie nun in Händen halten, durchlief ein sorgfältiges Lektorat und sollte somit auch wirklich 100%ig fehlerfrei sein.

Wenn Sie dennoch den einen oder anderen Fehler finden, so denken Sie einfach daran, dass auch ich nur ein Mensch bin und keine gelernte Autorin.

Diese Heike, ist einfach nur ein Mensch, der mit dem Herzen schreibt, um die Herzen der Menschen zu erreichen.

Vergessen Sie bitte nicht, dass Sie mit dem Kauf oder der Weiterempfehlung des Buches bedürftige Tiere unterstützen!
Diese Tiere brauchen uns!!

Von Herzen danke ich alle jenen Menschen, die daran beteiligt sind oder waren, dass ich heute bin wie ich bin :o))

Es wäre mir eine große Freude und Ehre, wenn ich mit meinem Buch nicht nur Herzen erreicht hätte, sondern vielleicht auch einen kleinen Beitrag für eine bessere Kommunikation und Verständigung zwischen Mensch und Tier hätte schaffen können.

Ich wünsche Ihnen und Ihren Vierbeinern alles erdenklich Liebe, ebenso auch Wohlstand und Glück auf Ihrem weiteren Lebensweg!

Herzlichst Ihre Heike-Maria Michalke

Meine Rattenfreundin Mimi

Unsere kleine, zarte Sookie

Herstellung und Verlag:
Books on Demand GmbH, Norderstedt
ISBN 978-3-8370-5059-2